JN278840

TENNIS

実戦に効く
コンディショニング
トレーニング

山下且義

ベースボール・マガジン社

はじめに

本書でモデルとしてデモンストレーションを行ってくれている浅越しのぶ選手は、2006年シーズンを最後に現役テニスプレーヤーとしての生活を引退しましたが、05年には自己最高ランキングで世界21位まで駆け上がりました。私は03年から、その浅越選手のトレーナーを務め、日々のトレーニングメニューを立て、ときにはいっしょにトレーニングを行ってきました。グランドスラム大会をはじめ、海外のツアー大会にも同行し、その活躍を少しでも支えることができたのは、私自身の大きな経験ともなっています。

また、浅越選手のトレーナーを務める一方で、99年から松岡修造さんが日本のジュニアプレーヤーを世界のレベルへと育成するために行っている『修造チャレンジ トップジュニアキャンプ』にケアトレーナーとして参加しています。ここでの経験もまた、トレーナーとして私に多くのことを考えるきっかけを与えてくれました。

ここで紹介するトレーニングは、浅越選手が実際に行っていたトレーニングです。また、『修造チャレンジ』で行われているテクニック、トレーニング、メンタル、ケアを総合し、そこに私自身の経験を取り入れて作り上げたものでもあります。

浅越選手のトレーニングを行うにあたっては、

彼女のフィジカル面が大きなハードルとなっていました。私が浅越選手のトレーニングに携わった当初、彼女はケガが多く、トレーニング自体を行うことができず、そのため体力も上がっていかないという状態でした。そのような体では思うような試合もできず、成績も安定しなくても仕方ないでしょう。プロの世界は厳しく、特にテニスのプロツアーにはほとんどオフシーズンがないといわれるくらいで、そんな中でも試合をこなしていかなければなりません。

そこで、まずは一年間を通してケガをせずに体力と筋力を無理なく上げることのできる方法はないものかと考えました。さらに、テニスのテクニックも同時にレベルアップするものはないものか、と。

世界で戦った浅越選手が行ったトレーニングであるにもかかわらず、すべてのトレーニングは簡単で誰にでもできるメニューになっています。また、ケガの予防も兼ねているため、軽い負荷で行えるのも取り組みやすいのではないでしょうか。

ぜひ、私の集大成であるこのトレーニングを行って、テニスライフを楽しく、そしてレベルアップを目指してください。

CONTENTS

カバー・本文デザイン／大久保敏幸デザイン事務所
撮影／菅原 淳
イラスト／千野泰彦、田中祐子
デモンストレーション／浅越しのぶ（NEC）、佐藤博康（フリー）
撮影協力／御殿山ヒルズ ホテルラフォーレ東京

コンディショニングを行いながら、プレーがレベルアップする動きができるようになる!

コンディショニングの定義

競技に対して、より適応能力の高い身体などを作っていくプロセス

そもそも、コンディショニング（conditioning）とはどういうことか、うまく説明できるでしょうか。簡単に直訳してしまうと『調整』という意味になりますが、おそらく一般的には「よく耳にする言葉だが、その内容は詳しく知らない」とか、「語感からなんとなくイメージは湧くが、はっきりしない」という人がほとんどなのではないでしょうか。

スポーツ界に対してコンディショニングという発想を初めて打ち出したのは、スポーツ医学の大家 Billik 氏とされています。彼は、コンディショニングをこう定義しています。「スポーツの最大の要求に対応するために、最大の用心をしながら身体の健康と体力を発展させていくこと —」。具体的には、筋力、パワー、敏捷性、平衡性、柔軟性、全身持久力、筋持久力、コーディネーション（協応性）などを向上させ、疾病を予防するということで、すなわち、これらの諸要素が定義の原点となっているわけです。彼の定義をもう少し噛み砕いて言うと、コンディショニングとは「自分が目標とする（取り組む）スポーツに対して、より適応能力の高い身体や精神を作っていくプロセス（過程）」ということになるでしょう。そして、そのプロセスにおける代表的なものとしては、メインであるフィジカル・トレーニングをはじめとして、メンタル・トレーニングやストレッチ、マッサージ、理学療法（物理療法や運動療法）、栄養（食事）、休養などが挙げられます。

コンディショニングの目的

“障害予防”と“競技力向上”

次に、コンディショニングの目的についてですが、これには大きく分けてふたつあります。

まずは、障害の予防です。適切なコンディショニング・メニューを普段から確実に

こなしていれば、ケガに対しても強くなれる（ケガをしにくくなる）のです。ジャンルを問わず、ケガに強い選手と弱い選手がいます。これについてはある程度、先天的なものや、それぞれのプレースタイルの問題などが理由として考えられますが、極端に弱い選手は、やはり根本的にコンディショニングに問題があると思われても仕方がありません。

次に競技力の向上です。すなわち、テニスをプレーする上で自分なりの最高のパフォーマンス（成果・結果）を残すため、ということです。技術練習や戦術面ばかりに気をとられて、身体作りやその手入れがおろそかになると、決して満足なプレーをすることはできません。これはテニスに限らず、どんなスポーツにでも言えることです。

『コンディショニング・トレーニング』で得られるコート上での効果

正しい体の動きと全身バランスのキープが、テクニック向上につながる

すでにお話ししたように、このコンディショニング・トレーニングの最大の目的はケガをしない身体づくりにあります。トッププレーヤー、一般プレーヤーにかかわらず、テニスによってケガをして、その障害をかかえたままプレーしているプレーヤーが多いかと思われます。最悪の場合は、痛みがよくならずに、プレーできなくなったり、テニスをやめてしまう人もいるでしょう。まずはそういった事態をぜひ防いでほしいと思います。

テニスで使う筋肉、筋力はテニスをプレーしている間に十分につけることができるのですが、ただ同じことを繰り返しても筋肉はその動きに慣れてしまい、筋肉に刺激が入らず、成長しません。そこで、トレーニングで筋肉に動きを意識させることによって筋肉に刺激を与え、実際のプレー中にも大きな動きから細かい動きにいたるまで、テニスで使われる筋肉を意識できるようになります。

つまり、トレーニングを行うことによって、ベースとなる筋肉がつき、ケガをしにくい筋肉を作り、プレー中にも無意識に正しい体の動きができ、また全身のバランスを保つ動きができるようになるという多くのメリットがあるのです。

Introduction

こんな人は『コンディショニング・トレーニング』を！

ショットで悩んでいる方

テニスでは体の使い方、ラケットワーク、ボールの捉え方、メンタリティー、そして数多くの動き、考えなどを総合して、はじめてよいボールが打てます。ただし、打つときにはこれらのことを一瞬にして同時に行わなければなりません。

もしあなたが同じミスをしているのであれば、それは同じことを繰り返し行っているからです。どこか、何かを変えなければなりません。『コンディショニング・トレーニング』を行うことによって、自分の動きと正しい動きの違いがわかり、間違った動きを変えていくことができるでしょう。

「試合になると練習中のように打てない…」

「試合になると練習中のように打てない」というのは当然メンタル的な問題も関係してきますが、体を上手に動かすことができれば、多少緊張していても、よいショットが打てるはずです。

例えば、“手打ち”になっている状態では、練習中ではうまく微調整してコートに入っているかもしれませんが、試合ではミスになることが多いでしょう。そう考えれば、まずは“手打ち”にならない方法、正しい体の使い方を覚えると、そのような問題を解決できることがわかります。

『コンディショニング・トレーニング』で体の正しい動きができれば、どのようなボールにも対応できるようになるでしょう。

これから テニスを 始める方!!

テニスの動きを細かく見ていくと、いろいろな競技の運動が含まれていることがわかります。走る、打つだけではありません。走るという部分を見ても、ダッシュ&ストップ、短距離的要素、中長距離的要素…。また打つという動作も、ショットによって動きは異なり、サーブでは野球の投球フォームの要素に似ていることもわかります。さまざまな動きが取り入れられた総合スポーツといわれるのも納得で、奥が深く、おもしろいスポーツです。

上達の近道は、まずは体の動きを体で表現できるようになること。『コンディショニング・トレーニング』はテニスの動きを覚えながら、効果的にトレーニングできるように作ってあります。

「時間がなく、試合にだけ出ることが多い…」

プロの選手でなければ、日常の多忙さに追われ、十分に練習する時間がないというのも当然のことでしょう。試合に出る機会があっても、きっと十分な練習やトレーニングができているという人の方が少ないのではないでしょうか。

しかし、『コンディショニング・トレーニング』を行えば、試合を恐れることはありません。このトレーニングは場所を選ばず、また短時間でできるものです。毎日少しずつ行ってみましょう。

「今、行っているトレーニングに効果がない!」

筋肉が強く、太くなっても、筋力がついても、テニスがあまり変わらないという方は考え方を少し変えてみる必要があります。テニスはパワーも必要ですが、筋肉の使い方が重要になってきます。

『コンディショニング・トレーニング』と並行して、これまでのトレーニングを続ければ、パワーのついた筋肉で正しい使い方ができるようになり、より一層の効果が表れることでしょう。

Top player
トッププレーヤーからの声

「筋トレなし」のメニューで、スランプ脱出！ウインブルドンでの飛躍につながった

浅越しのぶ

山下さんとのトレーニングで一番「これだ！」というものが見えたのは2003年のウインブルドンでした。

私が初めてのスランプで半年間1回戦負けが続き、もうやめてしまいたいと思っていた時、当時の専属コーチ、谷川美雄さんが「山下さんに見てもらおう！」と言い出したのがきっかけです。私自身もこれが最後の手段だと感じていました。

過去に伊達さんや松岡さん、数多くのプロ選手、日本代表のトレーナーをされた方なので、正直「私なんか…真剣に見てくれるのだろうか？」という不安な気持ちと、「今のこの現状を何とかしたい」という気持ちとが交錯しましたが、「もう引き返せない」と決心してお願いしました。

徐々にスランプから抜け出せ、2003年のウインブルドンでは2回戦で当時9位のハンチェコワ、3回戦は22位のスキアボーネに勝ちベスト16に入りました。

この時はじめて山下さんに見てもらってよかったと感じた瞬間でした。やはり、いくらよいトレーニング方法でもすぐに結果は出ないもので、3か月、半年続けてはじめて自分の身についてくるものだと思います。

山下さんのトレーニングで一番不思議だったのは筋トレ（主にダンベルを使うトレーニング）がなかったことです。それまでは週に4日はウエイトトレーニングをしていましたから、これでは筋肉が落ちると思い、はじめは抵抗がありました。が、そんな不安も吹き飛ぶくらいのランニング、ダッシュのメニューが多いこと！　ロングダッシュ、ミドルダッシュ、ショートダッシュ、1時間ランニング、オンコートでのコートダッシュ、陸上選手じゃないのだから……というくらいのダッシュの多さでした。このダッシュのメニューは日によって毎日変わります。ちなみに腹筋背筋の体幹部分のメニューは毎日やっていました。

ツアー生活の中でも毎日決められたトレーニングをしていきます。とても辛いし、疲れるし、負けた日はやりたくないということもありますが、“浅越しのぶという選手をどうしても強くしたい”という山下さんの想いがすごく伝わってきました。いっしょにトレーニング、ダッシュをして私を追い込んでくれるため、私が試合でピークに持っていく頃には山下さんの身体がボロボロになっていたということがよくありました。ツアーに行けない時は、私の試合を朝の5時までテレビで見てくれていたようです。

そんな山下さんはオンコートでもオフコートでも頼りになる最高のトレーナーだと思います。

PROFILE
あさごえ しのぶ
1976年6月28日生まれ。兵庫県出身。園田学園高校3年時にインターハイ優勝。97年プロ転向。03年にトレーニングなどの充実により急成長を果たし、ウインブルドンでノーシードながらベスト16入り。05年には自身最高位となる世界ランキング21位に。グランドスラムでの最高成績は04年全米オープンのベスト8。シングルスだけでなく、ダブルスでも強さを発揮し、06年全豪オープンではベスト4をマーク。ツアーでも8勝を挙げている。06年シーズン限りで引退し、現在はイベントなどでテニスの楽しさを一般プレーヤーに伝える傍ら、解説などでも活躍している。NEC所属。

テニスには最低限身に付けるべき テクニックやコーディネーション能力がある

福井 烈

「スポーツを科学する」――最近よく聞かれる表現です。

スポーツ選手はやみくもにその競技の練習をすればよいというのではなく、それぞれのエキスパートによって研究、分析がなされ、選手それぞれにあったトレーニング方法が与えられます。そんな現代のスポーツの状況において、トレーナーは肉体的にも精神的にもとても大きな存在です。

山下トレーナーとは、彼が日大テニス部選手だった頃からのお付き合いで、当時からマッサージやトレーニング理論に精通し、その真面目な人柄でトレーナーとなってからも、いろいろな選手からの信頼を得てきたことは本当に喜ばしいことです。何よりも、テニスをする者にとって山下トレーナー自身がテニスを知り、科学しているという信頼感が大きいと考えます。

最近の研究結果から、テニスにはそれぞれのカテゴリーにおいて最低限身に付けておかなければいけないテクニックや、コーディネーション能力が必要であることがわかってきました。どんな選手になりたいか、何を目的とするかによって取り組み方が違ってくるのですが、山下トレーナーはそれぞれの人に合った、的確なトレーニング方法を指南できる経験と知識があると確信しています。

この本において「テニスを科学する」ことを山下トレーナーと実践されることを期待します。

PROFILE
ふくい つよし
1957年6月22日生まれ。福岡県出身。柳川商時代にインターハイで3年連続3冠を達成。中央大を経て79年プロ転向。過去史上最多の全日本選手権7度の優勝を誇る。10年連続デ杯日本代表を務め、9年連続JOP（日本）ランキング1位（79～87年）の記録を持つ。92年の現役引退と同時にデ杯監督に就任し、日本テニス界を牽引。現在はテレビ解説やテニスイベントなどでテニスの魅力を伝えている。日本テニス協会常務理事。JOC選手強化本部情報医科学専門委員会委員。ブリヂストンスポーツ所属。

体と心のケアで
モチベーションを上げてもらえる
伊達公子

私が現役でプレーしていたときから、ツアーにも時折同行してもらい、ケアをしてもらっていました。ツアー転戦での緊迫した日々の中で、どう体を仕上げ、プレーヤーのモチベーションを上げていくか――こういったところが山下さんは非常に素晴らしかったと思います。例えば私の場合は、体をほぐしすぎるとキレがなくなるので、私の細かい微妙なコンディションをよく理解して、ベストな状態に調整してくれていました。

プレーヤーとトレーナーの関係は、言葉を交わす以上に見えない感覚的なものが大きいのでしょう。私自身が調子がよいと思っていても、自分でも気付かないところに疲れがあったりすることも多かったのですが、いち早く異変に気付き、ケアをすることで、ケガを防ぐということもありました。逆にケガをしているときは不安を取り除きながら体を治していったり…。体のケアだけでなく、心のケアをしてくれる存在が山下さんでした。

山下さん自身がテニスをやっていたので、テニスの特殊な動きや使う筋肉を深く理解してくれていることは非常に大きいと思います。そして何よりも、どんな状況でも心から真剣にプレーヤーと向き合ってくれることが大きな信頼関係につながっているのでしょう。

08年3月に行うエキシビションマッチへの出場の決心ができたのは、私自身のチャレンジを支えてくれる、体のケアを任せられる存在があるからです。

PROFILE
だて きみこ
1970年9月28日生まれ。京都府出身。園田学園高を卒業してプロ転向。ライジングショットを武器にトッププレーヤーへと成長、94年全豪オープン、95年全仏オープン、96年ウインブルドンでベスト4をマーク。日本女子最高位の世界ランキング4位を記録した。国別対抗戦のフェド杯では当時世界1位のグラフを破り、強豪ドイツを破った立役者に。96年のシーズンを最後に引退。現在はキッズテニスなど子供たちにスポーツの楽しさを教えながら、解説などでテニスに携わる一方、国際協力機構(JICA)オフィシャルサポーターも務めるなど多方面で活躍中。

人一倍ケガが多かったから
ケガの予防の大切さは誰よりも実感している
松岡修造

ケアトレーナーだからこそ、トッププレーヤーの情報をもっとも知っている!

山下さんにはツアーについてきてもらったり、またデビスカップ(国別対抗戦)日本代表のトレーナーも務めていたので、現役中はよく体のケアでお世話になった。特に僕はほかの選手に比べてケガが多かったので、その治療やリハビリに付き合う中で、「なぜ選手はこういうケガをするのか、どうすれば予防できるか」といった山下さんなりの考えを確立していくのにかなり役立ったのではないだろうか。

僕だけでなく、伊達さんや浅越さんなど多くのトッププレーヤーのケアやリハビリ、トレーニングを見てきたから、選手の体の情報を持っているという意味では世界でも指折りの存在だろう。ケアトレーナーというのは選手と接する時間が長く、また選手が心を開く相手だけに、その情報量はコーチ以上だ。だからこそ、選手に必要なもの、選手の体に必要なものをコーチ以上に知っている存在なのだ。

トレーナーの指導だから
テニスの技術力が上がる！

今、世界のトッププレーヤーはツアーを回りながら、トレーニングを並行して行っている。トップパフォーマンスを維持するためにはツアー中でもトレーニングを欠かすことはできないが、それには重い負荷などをかけたウエイトトレーニングなどのヘビーなものはむずかしい。そこでトッププレーヤーが行っているのが、コンディショニングしながらトレーニングにもなるようなメニューだ。ケガを予防し、体をコンディショニングしながら、技術力も上げる——これは実は一般プレーヤーにも当てはまることだと思う。

また、テニスの技術で今もっとも重視されているのは、体の使い方だ。その使い方を理解するのはむずかしいのだが、それを例えばチューブなどで少し負荷をかけたトレーニングを行うと、体のどの部分を使っているかが非常によくわかって、実際にプレーしたときには思い通りに体を動かすことができるようになる。こういったものをトレーナーの観点でまとめたのが本書だろう。

簡単！　続けられる！
やれば必ずうまくなる！
そしてケガの予防も！

トレーニングといっても特別むずかしいものじゃない。やる気になれば、すぐできる。簡単だから、続けられる。しかも、やれば必ずテニスが上手くなる。本当にいいことずくめだ。

もちろん、もっともいい部分はケガの予防になるということ。僕は人一倍ケガが多かったから、そのマイナス面は嫌というほどよくわかっている。テニスはできない、イライラする、治療にお金もかかる。山下さんが紹介するトレーニングは特にお金もかからないし、誰でも、どこでもできる。もちろんリハビリとして行うこともできるだろうが、ケガをしたくなければ、先にやっておけばいいということなのだ！

PROFILE
まつおか しゅうぞう
1967年11月6日生まれ。東京都出身。高校2年時にインターハイ3冠を獲得後、テニスに打ち込むために単身渡米。86年プロ転向、88年ジャパンオープン準々決勝でマッケンローと対戦するなど世界のトッププロの仲間入りを果たし、92年には日本男子としてツアー初優勝。また同年サンプラスを破るなど世界ランキングで自己最高の46位をマークした。95年ウインブルドンでは日本男子として62年ぶりの快挙となるベスト8入り。98年、ツアーから卒業後は、ジュニアプレーヤー育成プロジェクト「修造チャレンジ」を設立し積極的にテニスに関わる一方、テレビのスポーツキャスターを務めるなど幅広く活躍している。

How to use!

本書の使い方

技術書を読んでもいっこうに上達しない――
それは、その技術を行う動きが、
あなたの体では表現できていないのかもしれません。
そのためには、体を使う技術に見合うものにしなくてはいけません。
そこでトレーニングを実施するわけですが、
ただ、むやみにトレーニングすればいいというものではありません。
使う技術に見合うコンディショニングで、体を変えていきましょう。
本書で紹介しているのは、そのためのコンディショニング・トレーニングです。
ですから、ただトレーニングの羅列をしているわけではありません。
テニスの動きに合わせたトレーニングを紹介しています。

ショット名 テーマ

本書の読者の皆さんには、「パワフルに打ちたい」「スムーズに打ちたい」などプレーにおける上達の目標があるはずです。各ショットをよりレベルアップさせるためのテーマといってもいいでしょう。

第一章 グラウンドストローク

Ground Stroke-②
脚からの力を上半身に伝え、
運動連鎖で打球をパワーアップ

パワフルなショットを打ちたいからといって、
腕に力を入れて打ってもそれほど強打はできない。
腕だけで打とうとすると、手打ちになってしまうのだ。
トッププロの写真を見ればわかるが、みな下肢のひねりをうまく運動連鎖させ、
上肢に伝えている。ハードヒットではパワフルな腕の動きに目がいきがちだが、
写真を見れば腕だけで打っているのではなく、
脚からの力をうまくボールにぶつけていることがわかる。

グラウンドストローク-②

腰のひねり戻しを使って、脚から上半身へと運動連鎖していることが、ボールに爆発的なパワーを与えている。

32

33

連続写真

プロはそれぞれのテーマに合った打ち方をしています。よいイメージトレーニングにもなるでしょう。

トレーニング

テーマに合ったコンディショニング・トレーニングを紹介しています。連続写真と合わせて見ることで、テニスの動きに合ったトレーニングであるということがわかります。

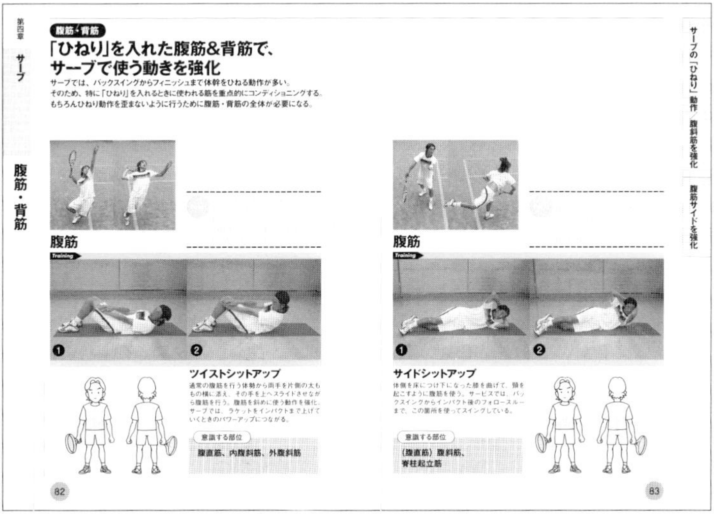

意識する部位

本書で紹介するトレーニングは軽い負荷で行うものがほとんどです。そのため、ただ単にこなすだけではなく、使う筋を意識することにより、より大きな効果が期待できます。ここでは、その使う筋を表示しています。

Point

特に行い方によって効果を出していくトレーニングには、「Point」として記述しています。

『コンディショニング・トレーニング』で使う
用具の効果&解説

本書では『コンディショニング・トレーニング』を行うために、いくつかの用具を使ったトレーニングを紹介しています。どれも手軽に行えるものですが、それぞれの特徴と効果を解説します。

バランスボールを使ったトレーニング

(※バランスボールは通常、体幹トレーニングとしてボールの上に乗ってトレーニングします)

浅越しのぶ選手が現役時代に行っていたトレーニングで、非常に効果があったのが、バランスボールを投げるトレーニングです。これは「飛ばせればいい」、「遠くに投げればいい」というものではなく、筋肉の使い方が鍵となります。正しいフォームで、使う筋肉の意識を高くすればするほど効果が上がります。

通常、ボールを投げるトレーニングではメディシンボールを使いますが、メディシンボールではボールが重すぎるため、ボールを投げることに集中してしまい、本来の体の動きがおろそかになってしまいます。『コンディショニング・トレーニング』では全身の意識を高めるため、もともとの使い方とは異なりますが、バランスボールを使用しています。

バランスボールは軽いため、前に飛ばすのは簡単です。通常、物を投げたりするとき、強い筋肉が優先されて使われやすいのですが、フォームを改善するのであれば、弱い筋肉を意識して鍛えます。ここでフォームを作ることによって、結果的にボールが飛ぶようになりますし、ラケットでボールを打ったときも、しっかりとボールにパワーを伝えられるのです。

また、使うボールが軽いということは手先で投げても、あまり飛ばないということ。逆に下半身を使って、体全体でボールにパワーを与えると、非力な女性でもおもしろいようにボールが飛んでいきます。そのときのフォームがテニスでボールを打つときの正しいフォームです。同じフォームでボールが打てれば、相手のボールに押されずに重いボールが打てるようになります。実際に浅越選手も、このトレーニングをツアー中に欠かさずにやることによって、フォームの崩れを防ぎ、トッププレーヤーに対抗できる力を培ったのです。負荷が重すぎないということも、試合が続く中でもトレーニングし続けることができたという利点でした。

トレーニングの目安

回数:各6球×1～3セット

チューブを使ったトレーニング

チューブ・トレーニングは通常ダンベルやバーベルを使って行うトレーニングメニューを、ゴムチューブを使用して行いますが、重力に影響されないため個々の細かい筋肉を意識させやすいのが特長です。ウエイトトレーニングとして行うこともありますが、テニスプレーヤーがよく行うのはゴムチューブを持ってスイングする、またラケットとチューブを結んで素振りをするような実戦的なトレーニングです。

トレーニングの特徴としては、意識させる筋肉だけを使うことができ、関節角度が変わっても同じ負荷をかけることができます。また、関節に負担が少ないのも一般プレーヤーにとって取り入れやすいといえるでしょう。

ラケットとチューブを結んでの素振りはグランドスラム大会に出場するようなトッププレーヤーもよく行っていますが、これはチューブを付ける位置によって力のかかり方が変わってしまい、実際のプレーとは異なってしまう場合もあるので注意が必要です。手でチューブを持って行う方が、よりシンプルにトレーニングできるでしょう。

チューブは長さや引っ張る度合いによって強度を変えられるので、1本でもさまざまに使うことができます。トレーニング道具としては持ち運びにも便利で、トレーニング自体もスペースをとらずに短時間でできるので、ひとつバッグに入れておくといいでしょう。

トレーニングの目安(例:チューブプル)

回数:各12回×1～3セット

強度:60%の負荷で
(※使っている筋肉が意識できる範囲内で行う)

ペットボトルを使ったトレーニング

水を入れたペットボトルは、ダンベルなどと同様に使うことができます。水の量で重さが調節でき、ラケットと同じ重さにもできる500㎖のペットボトルは、ダンベルよりもむしろ『コンディショニング・トレーニング』には使いやすいといってもいいかもしれません。手首や腕などをコンディショニングする際のカールなどは、チューブの効果と同様ですが、意識させる筋肉とその筋肉の拮抗する筋肉にも同じ負荷をかけることができ、関節にテニスと同じ負荷をかけることができるのが特徴です。

また、本書ではペットボトルをコーンに見立てたフットワーク・トレーニングを紹介しています。試合会場などでもペットボトルさえあれば行うことがあるので、うまく活用するといいでしょう。

トレーニングの目安

(例：カールなど)
回数：左右各12回×1～3セット
(※使っている筋肉が意識できる範囲内で行う)

(例：フットワーク・トレーニングなど)
強度：100%出せる動き
回数：各6秒×1～3セット

テニスボールを使ったスピード&アジリティトレーニング

テニスボールを使ったトレーニングはとてもポピュラーで、多くの選手が行っています。トッププレーヤーたちは試合前のウォーミングアップや試合後のクーリングダウンとしても取り入れています。テニスボールを使うことで、実際のコート上でボールを追いかける状況と同様な状況を作ることができる点は大きなメリットです。

また、道具が不要で、ちょっとしたスペースさえあればできるので、雨の日のトレーニングや試合会場などで行うトレーニングとしても最適でしょう。

トレーニングの目安

強度：100%出せる動き
時間・回数：6秒×1～3セット
(※筋肉疲労が残らない程度で行う)

『コンディショニング・トレーニング』の実践知識

Point 1
すべてのトレーニングを行う必要はありません

テーマ別にトレーニングを紹介しています。ショットや強化したい内容に合わせて、必要なトレーニングを行ってください。また、すべてを行わなくてはならないわけではなく、体調や時間に合わせて、行うトレーニングの内容を変えてもいいでしょう。

Point 2
飽きてきたら、積極的にメニューを変えて

継続は大切ですので、毎日少しずつでも行えるといいでしょう。ただし、“飽き”はトレーニングの大敵。気分的にも停滞しますし、また肉体的にも同じことを繰り返すだけでは筋肉はその動きに慣れてしまい、筋肉が刺激されずに、トレーニング効果が薄れるのも事実です。ですから、「飽きてきたな」と感じたら、積極的にメニューを変えてみることをおすすめします。

Point 3
筋肉疲労が残らない程度に行いましょう

どのトレーニングも筋肉疲労が残らない程度に行うことがコンディショニングとしては最適です。「トレーニングの目安」では各トレーニングの回数や強度として筋肉疲労が残らないように設定してあります。フットワーク・トレーニングなど「強度：100%」と設定してあるものでも6秒以内なら筋肉疲労が残らないので、1度の動きの目安は「6秒以内」を基本にしています。

Chapter:01
Ground Stroke

グラウンドストローク編

体幹の軸がぶれないグラウンドストロークを打つ

バランスボール・トレーニング

脚からの力を上半身に伝え、運動連鎖で打球をパワーアップ

チューブ・トレーニング

Ground Stroke-①

体幹の軸がぶれない グラウンドストロークを打つ

テークバックからフィニッシュまで軸がキープされている。
頭の位置が変わっていないところにも注目したい。

トッププロはなぜ力強いグラウンドストロークを
正確に打つことができるのだろうか。
最大の秘密は、その体幹の軸だ。フォアハンドでもバックハンドでも、
テークバックの段階からフィニッシュまでまったく軸がぶれていない。
どんな高さのショットでも、軸をぶらさずにショットできるようになろう。

バランスボール・トレーニング

3段階の高さから体幹の軸をキープして、バランスボールを投げる

実際にボールをヒットする身体の動きを使い、両手で投げる。
しっかり体幹を意識し、ひねり戻しを使ってボールを飛ばすが、
軸はキープしたまま。ひねりを意識させて使うためには、
足首(足関節)→膝部→股関節→骨盤(腸骨)→腰部→背部→腕部と
運動連鎖を行い、バランスボールにパワーを与えて投げる。
体の軸と同時に、頭のポジションを変えず、目線は投げる方向に向けたままで投げる。
腕の力だけで投げないように、最後に腕とボールがでてくるようにする。

第1段階

Middle Ball

ミドルボールのフォアハンドストローク

Training

フォアハンド／ミドルスロー

スタンスは肩幅の2分の3程度に広くとり、テークバック時はバランスボールを腰の高さにキープ。前方の肩ごしから目線を平行の高さに合わせて、後ろ側の腕でバランスボールを平行に押し出す。フィニッシュ時は、最初に後方にあった肩がバランスボールを投げた方向を向く。フィニッシュへと向かうまで、後方の足(写真の場合は右足)の拇指球(親指の付け根の丸い関節)で地面を押せるとよい。

ミドルボールのバックハンドストローク

Training

バックハンド／ミドルスロー

スタンス、テークバックはフォアハンドと同様に。投げ出すときは、特に腰のひねりを戻すイメージを意識。バランスボールを持つ前の腕でリードするようにして投げる。フィニッシュに向かうまで、後ろの足（写真の場合は左足）の拇指球で押し出し、前の足の拇指球でも踏ん張る。

意識する部位

腹斜筋、大胸筋、上腕二頭筋、前腕屈筋群、大腿内転筋、下腿三頭筋

意識する部位

腹斜筋、菱形筋、三角筋、前腕伸筋群、大腿内転筋、前脛骨筋

バランスボール・トレーニング

第2段階

Low Ball

ローボールのフォアハンドストローク

Training

フォアハンド／ロースロー

スタンスは肩幅の２倍程度に広くとり、テークバック時はバランスボールを膝の高さにキープする。前方の肩ごしから目線を少し上向きに合わせて、後方の腕（写真の場合は右腕）でバランスボールを押し上げるように上向きに投げる。特に下肢全体の力を意識する。フィニッシュ時にも低いポジションを意識したまま、後ろの足（写真の場合は右足）に体重が少し乗るようにする。

意識する部位

腹斜筋、大胸筋、上腕二頭筋、前腕屈筋群、ハムストリングス、下腿三頭筋、肩甲下筋

ローボールのバックハンドストローク

バックハンド／ロースロー

スタンス、テークバックはフォアハンドと同様に。投げ出すときは大腿内転筋群を意識して、脚の力で投げるようにする。前方の腕（写真の場合は右腕）でリードするように投げる。フィニッシュ時は低いポジションを意識し、前の足（写真の場合は右足）に体重が乗るようにする。

意識する部位

腹斜筋、菱形筋、三角筋、前腕伸筋群、大腿内転筋、前脛骨筋、棘上筋、大腿四頭筋

第3段階

High Ball

ハイボールのフォアハンドストローク

Training

Point ミドル、ロー、ハイとも膝をやや曲げ（135度くらい）、投げ終わったあとも、その角度をキープする。

フォアハンド／ハイスロー

スタンスは肩幅と同じ広さにとり、テークバック時は、バランスボールを肩の高さにキープする。前方の肩ごしから、目線を下向きに合わせて、後ろ側の腕（写真の場合は右腕）でバランスボールを下方向に押し込むように投げる。特に上半身のひねりを意識して、フィニッシュ時に両足にバランスよく体重が乗るようにする。

意識する部位

腹斜筋、大胸筋、
上腕二頭筋、前腕屈筋群、
大腿内転筋、下腿三頭筋

ハイボールのバックハンドストローク

バックハンド／ハイスロー

スタンス、テークバックはフォアハンドと同様に。投げ出すときは、上半身のひねりを戻すようにし、前方の腕（写真の場合は右腕）でリードするように投げる。フィニッシュ時は、前方の足（写真の場合は右足）に少し体重が乗るようにする。

意識する部位

腹斜筋、菱形筋、三角筋、前腕伸筋群、大腿内転筋、前脛骨筋、小円筋、棘下筋

バランスボール・トレーニング

腰のひねりを使えるようになろう!

グラウンドストロークを打つとき、
体の軸を保ちつつボールにパワーを伝えるためには、
下肢から腰のひねり戻しでボールを打つことがポイントとなる。
このコンディショニング・トレーニングで、腰のひねり動作を身体に覚えさせよう。

Turn
フォア&バックのターン~ストローク

ツイストローテーション

後ろ向きに身体をひねり、ボールを渡し、逆方向からボールを受け取る。この動きをスピードをつけて繰り返す。スタンスは肩幅で行う。クォータースクワットの体勢で行う。両拇指球にバランスよく体重を乗せて行う。足首→膝→股関節→骨盤→腰→背→上肢と運動連鎖を意識して、柔らかい動きでツイストさせて行う。体の軸がブレないようにし、頭が上下しないように行う。腕の動きをなるべく少なくし、下肢でツイスト運動を大きくする。バランスボールの置き拾いは、一瞬動作を止めて正確に行う。目線は置き拾いのポジションを見ることで、目が回らない（平衡感覚を保つ）。

意識する部位

腹斜筋、大臀筋、中臀筋、大腿四頭筋、ハムストリングス

Ground Stroke-②

脚からの力を上半身に伝え、運動連鎖で打球をパワーアップ

腰のひねり戻しを使って、脚から上半身へと運動連鎖していることが、ボールに爆発的なパワーを与えている。

パワフルなショットを打ちたいからといって、
腕に力を入れて打ってもそれほど強打はできない。
腕だけで打とうとすると、手打ちになってしまうのだ。
トッププロの写真を見ればわかるが、みな下肢のひねりをうまく運動連鎖させ、
上肢に伝えている。ハードヒットではパワフルな腕の動きに目がいきがちだが、
写真を見れば腕だけで打っているのではなく、
脚からの力をうまくボールにぶつけていることがわかる。

チューブ・トレーニング

下半身からの力を運動連鎖させて チューブプル（チューブを引く）を行う

実際にボールをヒットする身体の動きを使い、チューブ・トレーニングを行う。
腕だけでチューブを引くのではなく、スタンスを決め、身体のひねりを使い、
下半身からの運動連鎖でチューブを引けるように意識すること。
チューブは指の中指と薬指の間に挟むように持つと、
ちょうどインパクトの感覚と同じになる。両手打ちバックハンドは両手で持ち、
片手打ちバックハンドは片手で持って行う。ミドルボールだけでなく、
ローボール、ハイボールにも対応できるように、それぞれの高さでも同様に行う。

第1段階

Middle Ball

ミドルボールのフォアハンドストローク

Training

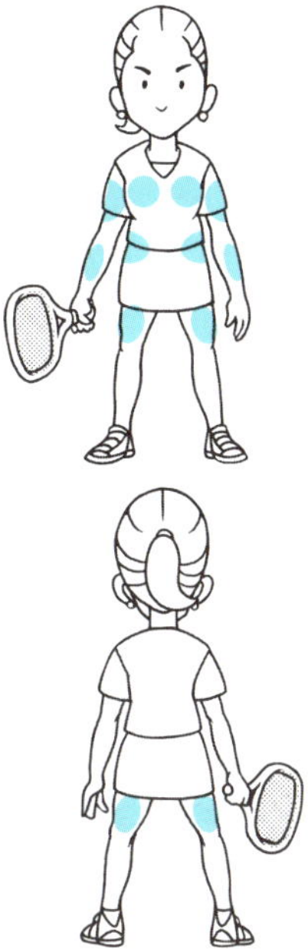

フォアハンド／ミドルプル

スタンスは肩幅より少し広くとり、テークバックは骨盤の高さにセットして、そのポジションからチューブを引く。下半身を意識して運動連鎖を腕に伝えて引く（足首→膝→股関節→骨盤→腰→背→腕）。腕は屈筋群を使い、肩から肘→手首の順番に力を入れてチューブを引く。ワキを閉めるようにインパクトまで引き、インパクトからフォロースルーは手のひらを押し出して引く。フォロースルーからフィニッシュまでは全身のひねりでフィニッシュまで引く。

意識する部位

大胸筋、上腕二頭筋、前腕屈筋群、腹斜筋、ハムストリングス、大腿四頭筋

第2段階

Low Ball ローボールのフォアハンドストローク

フォアハンド／ロープル

スタンスは肩幅の2倍の広さをとり、テークバックは膝の高さにセットして、そこからチューブを引く。特に下半身を意識して、クォータースクワットの状態でチューブを引く。インパクトからフォロースルーまでは手のひらを少し上向きに押し出すようにチューブを引く。フィニッシュまでは下半身のひねりを意識し、膝は135度の角度をキープする。

Training

第3段階

High Ball ハイボールのフォアハンドストローク

フォアハンド／ハイプル

スタンスは肩幅の広さにとり、テークバックは肩の高さにセットして、そのポジションから引く。膝は伸びすぎないように135度の角度をキープする。腕の筋肉は三角筋を意識して使い、ワキを空けながらチューブを引く。インパクトからフォロースルーは少し下向きにチューブを引き、上半身のひねりを意識しながらフィニッシュする。

Training

意識する部位

**腹斜筋、前腕屈筋群、上腕二頭筋、
大胸筋、ハムストリングス、
前脛骨筋、大臀筋、大腿四頭筋**

意識する部位

**腹斜筋、前腕屈筋群、上腕二頭筋、
大胸筋、大腿四頭筋、
大腿内転筋群、下腿三頭筋**

チューブ・トレーニング

片手打ちのバックハンドストローク

**バックハンドは片手打ちのプレーヤーは、片手でチューブ・トレーニングを行う。
脚からうまく上半身に力を伝えていく打ち方をマスターするために、
チューブプルでも股関節から腰のリードでパワーを腕に伝えていく。**

第1段階

Middle Ball

ミドルボールの片手打ちバックハンドストローク

片手打ちバックハンド／ミドルプル

スタンスは肩幅よりやや広くとり、下半身からの運動連鎖を腕からチューブへと伝えて引く。腕の伸筋群を使い、肩→肘→手首の順に力が入るようにチューブを引く。最初はワキを閉めて腕の伸筋群を使い、ワキを空けるようにインパクトまで引く。インパクトからフォロースルーは三角筋を使い、上方向に腕を上げる。フォロースルーまでは手の拇指球で押し出すように

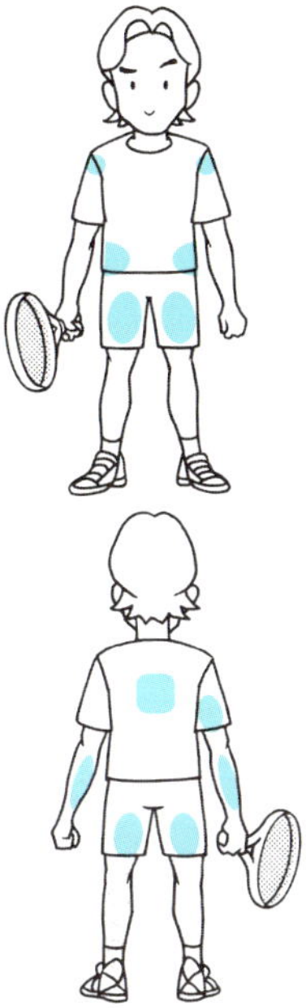

意識する部位

三角筋、腹斜筋、大腿四頭筋、菱形筋、上腕三頭筋、前腕伸筋群、ハムストリングス

Training

チューブを引く。同時に反対側の腕も上に上げ、両肩甲骨を寄せるようにフィニッシュする。

第2段階

Low Ball ローボールの片手打ち バックハンドストローク

片手打ちバックハンド／ロープル

スタンスは肩幅の2倍の広さをとり、テークバックは膝と同じ高さにセットして、そこからチューブを引く。インパクトまで下半身のひねりを戻す力で引き、インパクトからフォロースルーまでは、骨盤のひねりで引く。フィニッシュまでは上方向に引く。

第３段階

High Ball ハイボールの片手打ち バックハンドストローク

片手打ちバックハンド／ハイプル

スタンスは肩幅の広さにとり、テークバックは肩の高さにセットし、そこからチューブを引く。膝は 135 度の角度にキープし、インパクトまで下半身でチューブを引く。インパクトからフォロースルーまで少し下向きにチューブを引き、フィニッシュまで上半身のひねりを意識して引く。

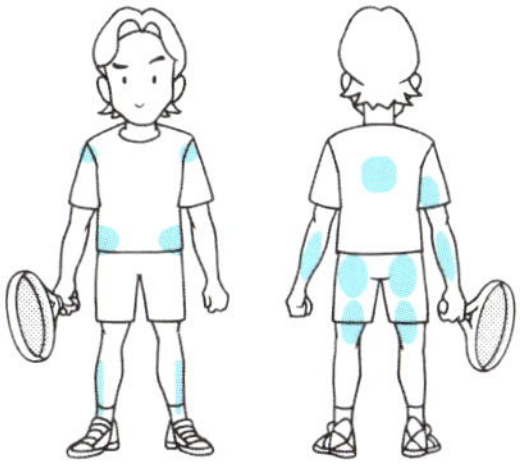

意識する部位

三角筋、腹斜筋、前脛骨筋、菱形筋、上腕三頭筋、大臀筋、前腕伸筋群、ハムストリングス

Training

意識する部位

三角筋、腹斜筋、大腿四頭筋、菱形筋、上腕三頭筋、前腕伸筋群、大腿内転筋群、下腿三頭筋

Training

チューブ・トレーニング

両手打ちのバックハンドストローク

**両手打ちバックハンドのプレーヤーは、両手でチューブ・トレーニングを行う。
脚からうまく上半身に力を伝えていくには、両手打ちの場合は
腰の回転から生まれるパワーを両腕に伝えていくようにする。**

第1段階

Middle Ball

ミドルボールの両手打ちバックハンドストローク

両手打ちバックハンド／ミドルプル

スタンスは肩幅より少し広くとり、テークバックは骨盤の高さにセットし、そこからチューブを引く。下半身のひねりを戻す力と上半身の押す力を連鎖させて（足首→膝→股関節→骨盤→腰→背→腕）チューブを引く。テークバックからインパクトまで両ワキを閉めて、体幹と一体化させるように引く。チューブを前の腕で引っ張り、後ろの腕で押し出す意識でチューブを引く。インパクトからフィニッシュまで、腕と体幹を一体化させ、巻き付けるように地面と平行にチューブを引く。

POINT

両手打ちバックハンドのプルでは テニスでの自分の両腕の使い方と 同じようにトレーニングしよう

両手打ちのバックハンドストロークでは①両手とも同じくらいの力で打つ、②主に利き腕で打つ、③主に利き腕ではない方の腕のフォアハンドのように打つ、の3パターンの力の使い方があります。

チューブプルでもテニスをプレーするときと同じような力の入れ方をすることでトレーニング効果が得られますので、①両腕とも同じ力を入れて引く、②前の腕の引く力を強く入れて引く、③後ろの腕の押し出す力を強く入れて引く、のいずれかのパターンで行いましょう。

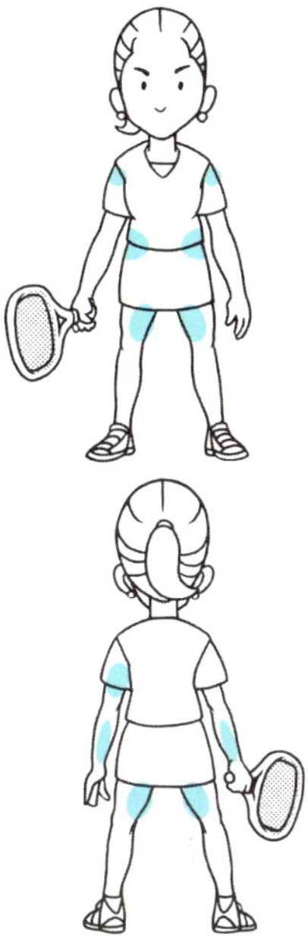

意識する部位

三角筋、腹斜筋、大腿四頭筋、上腕三頭筋、前腕伸筋群、ハムストリングス

Training

第2段階

Low Ball ローボールの両手打ち バックハンドストローク

両手打ちバックハンド／ロープル

スタンスは肩幅の2倍の広さをとり、下半身はクォータースクワットの状態をキープする。テークバックは膝の高さにセットし、そこからチューブを引く。インパクトからフォロースルーでは、少し上方向に向けてチューブを引く。特に下半身の内転筋群を意識してフィニッシュまで引く。

第３段階

High Ball ハイボールの両手打ち バックハンドストローク

両手打ちバックハンド／ハイプル

スタンスは肩幅の広さにとり、テークバックは肩の高さにセットし、そこからチューブを引く。テークバックからフォロースルーは三角筋を意識しながらワキを空けたまま、力が入るポジションで引く。フォロースルーからフィニッシュは上半身のひねりを意識して、腕を体幹に巻き付けるようにする。腕は少し下方向へ引き、膝は135度の角度をキープしてフィニッシュする。

意識する部位

三角筋、腹斜筋、大腿四頭筋、前脛骨筋、大臀筋、前腕伸筋群、ハムストリングス

意識する部位

三角筋、腹斜筋、大腿四頭筋、上腕三頭筋、前腕伸筋群、大腿内転筋群、下腿三頭筋

チューブ・トレーニング

オープンスタンスと踏み込みスタンス それぞれのスタンスでも行ってみよう!

同じショットを打つにしてもスタンスの違いによって身体の使い方が異なる。そのため、チューブ・トレーニングを行う際にもスタンスを変えて行う必要がある。それぞれのスタンスで正しい身体の使い方をすることが効果アップの秘訣だ。

Square Stance

フォアハンド/踏み込みスタンス

Training

フォアハンド/踏み込みスタンスでチューブプル

体幹の体重移動をメインにチューブを引く。体重ははじめは前足3:後足7の割合から、フィニッシュでは前足7:後足3の割合に体重移動させながらチューブを引く。特に後足は前へ蹴る意識で体重移動をする。

フォアハンド／オープンスタンス

※写真は34～35ページと同じ。この連続写真を以下の「踏み込みスタンス」と比較しよう。

フォアハンド／オープンスタンスでチューブプル

セミオープンでは体幹の軸回転運動と体重移動をバランスよく行う。体重ははじめは前足4：後足6の割合から、フィニッシュには前足6：後足4の割合に移動、また体を回転させながらチューブを引く。インパクトまで体重移動と回転を使い、インパクトから回転をメインに使う。

意識する部位

大胸筋、上腕二頭筋、前腕屈筋群、腹斜筋、ハムストリングス、大腿四頭筋

意識する部位

ハムストリングス、大腿四頭筋、上腕二頭筋、前腕屈筋群、腹斜筋、下腿三頭筋、三角筋

両手打ちバックハンド／踏み込みスタンス

両手打ちバックハンド／踏み込みスタンスでチューブプル

踏み込みスタンスでは体幹の体重移動をメインにチューブを引く。体重ははじめは前足2：後足8の割合から、フィニッシュでは前足8：後足2の割合に体重移動させながらチューブを引く。特に、後足は前へ蹴る意識で体重移動をする。

※写真は 42 ～ 43 ページと同じ。この連続写真と以下の「セミオープンスタンス」を比較しよう。

意識する部位

三角筋、腹斜筋、大腿四頭筋、上腕三頭筋、前腕伸筋群、ハムストリングス

Semi-open Stance

両手打ちバックハンド／セミオープンスタンス

意識する部位

大腿内転筋群、腹斜筋、大腿四頭筋、前腕伸筋群・屈筋群、大胸筋、上腕三頭筋

両手打ちバックハンド／セミオープンスタンスでチューブプル

体幹の軸回転運動と体重移動をバランスよく行う。体重ははじめは前足3：後足7の割合から、フィニッシュでは前足7：後足3の割合に移動、また体を回転させながらチューブを引く。インパクトまで体重移動と回転を使い、インパクトから回転をメインに使う。

Training

Chapter:02
Forehand Stroke

フォアハンドストローク編

曲線的な腕の動きを強化し、重く、スピンのかかったショットを実現

チューブ・トレーニング

Forehand Stroke

曲線的な腕の動きを強化し、重く、スピンのかかったフォアハンドを実現

**コート後方に追いやられているにもかかわらず、
強烈なスイングで
自ら重い回転のかかった打球を打ち込んでいる。**

重いグラウンドストロークを打つための動きは、直線的ではない。
ボールにスピン回転をかけるために、
腕は内旋や外旋といったひねりを使っている。
そのため、
筋力をつけるためのトレーニングもただ直線的な動きを強化するのではなく、
腕を内旋や外旋することによって効果が出る。
写真からもわかるが、
特にフォアハンドストロークでは内旋の動きが使われている。

チューブ・トレーニング

チューブを使って、腕の内旋の動きを強化する

Spin & Power /Arm Curl

上腕二頭筋をメインに使ってアームカールを行う

前腕の内旋

上腕二頭筋の内側の筋肉をメインに使い、前腕外旋位のポジションから内旋させながらアームカールする。

意識する部位

上腕二頭筋（短頭）

前腕の外旋

上腕二頭筋の外側の筋肉をメインに使い、前腕内旋位のポジションから外旋させながらアームカールする。

意識する部位

上腕二頭筋（長頭）

▼前方から見たラファエル・ナダルのフォアハンドストローク

上腕二頭筋を鍛えるアームカールは、肘を伸ばした状態から肘を曲げて拳を肩近くへともっていくが、フォアハンドの腕の動きに有効なトレーニングとするためには、肘を曲げると同時に前腕を内旋する動きを加える。こうすることで、ボールにスピン回転をかけて振り抜くスイングと同じ動作となる。適度な負荷をかけてトレーニングすることで、ボールに負けない筋力を作り、重いスピン回転のかかったボールを打つことができるようになる。

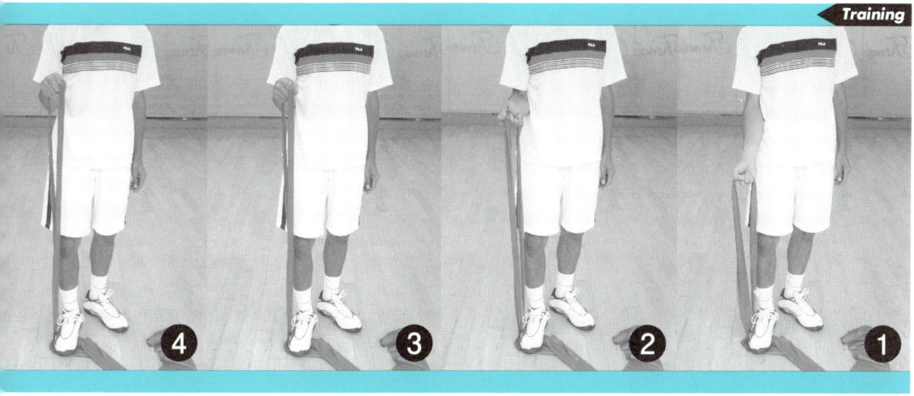

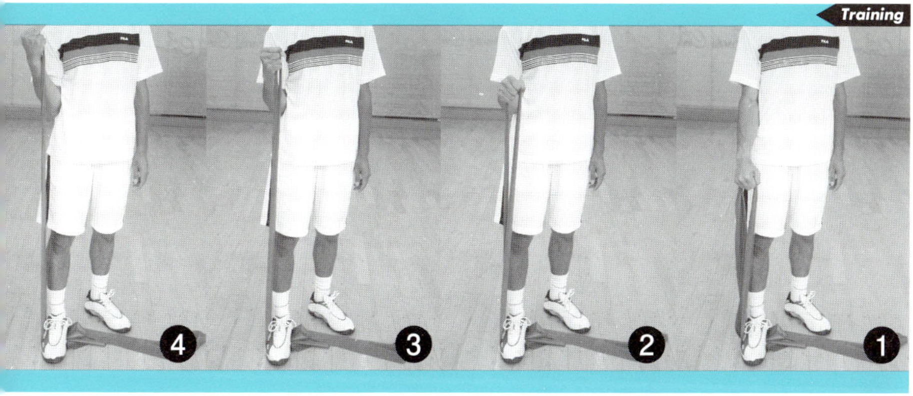

Spin & Power ／Wrist Curl

前腕屈筋群をメインに使って 手のひらを上に向けてリストカールを行う

リストを鍛えるリストカールも、アームカールと同様に内・外旋を加えることで、実際のフォアハンドストロークのスイングに有効となる。写真を見るとわかるように、ナダルのフォアハンドはインパクトからフィニッシュ付近にかけて非常に鋭くリストを使っている。ボールにスピン回転を多くかけようとすると、それだけリストを使い、負担も大きいということだ。

Training

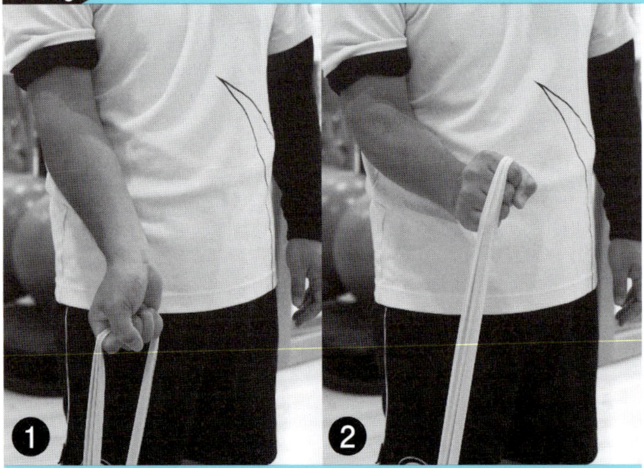

リストの内旋

前腕尺側（小指側）の筋肉をメインに使い、リスト外旋位のポジションから前腕尺側屈筋群を意識して、内旋させながらリストカールを行う。

意識する部位

（前腕屈筋群）
尺側手根屈筋、方形回内筋

▼後ろから見たナダルのフォアハンドストローク

Training

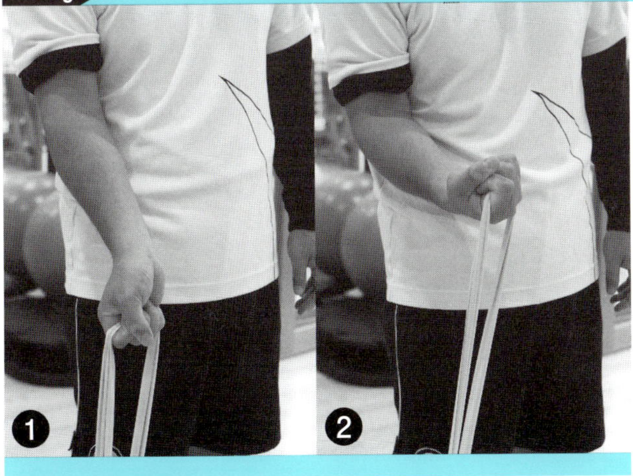

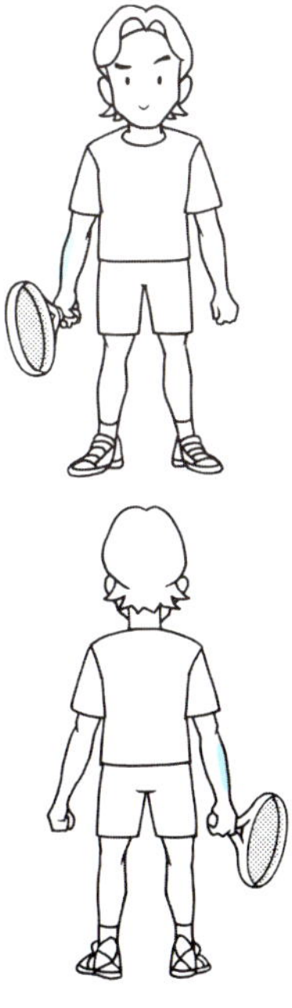

リストの外旋

前腕橈側（拇指側）の筋肉をメインに使い、リスト内旋位のポジションから前腕橈側屈筋群を意識して、外旋させながらリストカールを行う。

意識する部位

（前腕屈筋群）
橈側手根屈筋、腕橈骨筋

チューブ・トレーニング

STEP UP

胸部の筋力を強化し、さらに重いボールを打つ！

フォアハンドストロークは身体の前側の筋肉が多く使われる。
特に胸の大きな筋肉を利用すれば、それだけパワーが出やすく、
胸を鍛えておくことは重いボールを打つために有効だ。
腕だけではなく、胸も同時に鍛えたい。
このフロントプッシュのトレーニングを行うときもアームカール、
リストカールのときと同様に、
前腕を内旋する動きを加えるとより効果的だ。

フロントプッシュ（胸筋群）

胸の筋肉を使って、チューブを前方に押し出す。
前腕の内旋も加えながら行う。

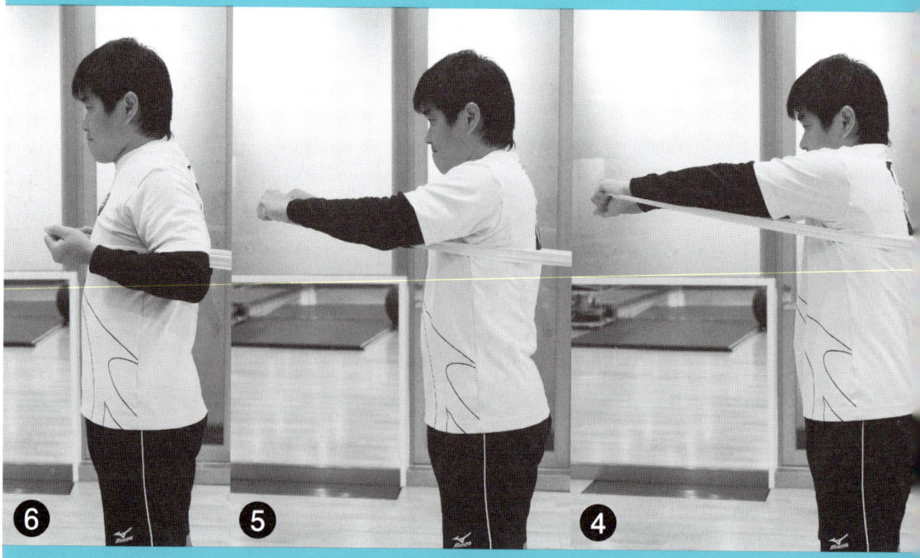

Point 特に前鋸筋を意識させて使うことによって肩甲骨を前方に動かすことができ、より腕を前方にプッシュできる。

意識する部位

上腕三頭筋、三角筋前部、大胸筋、小胸筋、前鋸筋

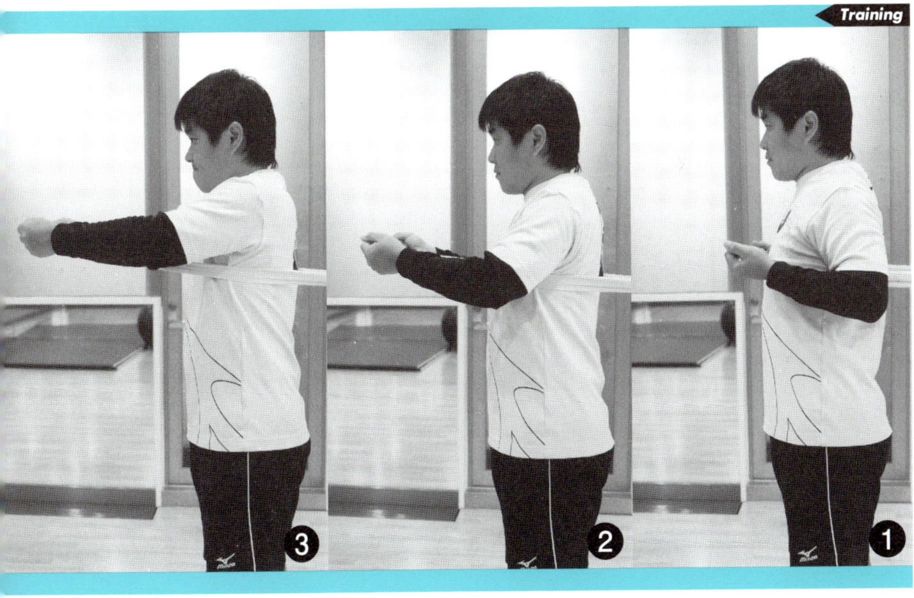

Chapter:03

Backhand Stroke

バックハンドストローク編

片手打ちも両手打ちも身体の後ろ側の筋を強化し、ショットにパワーを加える

チューブ・トレーニング

バランスボール・トレーニング

Backhand Stroke

片手打ちも両手打ちも
身体の後ろ側の筋を強化し、
ショットにパワーを加える

背筋、上腕三頭筋、前腕伸筋群など身体の後ろ側の筋を使い、さらに最後は胸を張ってバランスよく打球している。

フォアハンドストロークが身体の前面の筋力を多く使う動きとすると、
バックハンドは逆に身体の後ろ側の筋力を多く使う。
特に片手打ちでは、ラケットを握っている腕の上腕三頭筋に
もっとも力が入る位置でインパクトしていることが実感できるだろう。
またリストは、フォアハンドのときと同様に内旋・外旋を加えながら鍛えたい。
一方、両手打ちでは、
後ろ側の筋と同時に、体幹のひねりをうまく使うことがポイントとなる。

チューブ・トレーニング

チューブを使って、腕の内旋・外旋の動きを強化する

Single Handed Back

片手打ちバックハンドストローク

トライセップエクステンション

上腕三頭筋をメインに使ってトライセップエクステンションを行う。

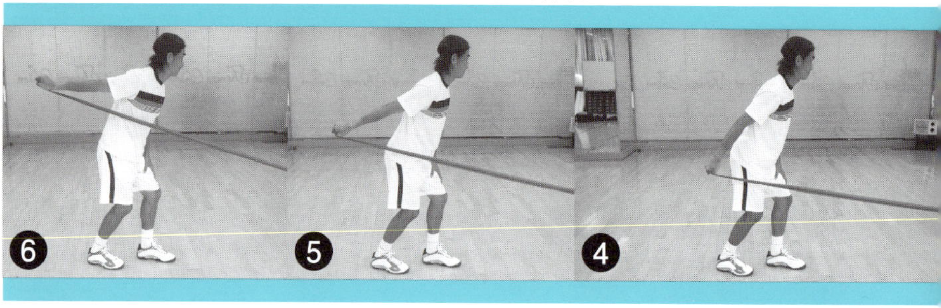

前腕の内旋

上腕三頭筋内側頭（内側）の筋肉をメインに使い、前腕外旋位のポジションから上腕三頭筋内側頭を意識して内旋（内側に回旋）させながら、トライセップエクステンションを行う。

意識する部位

上腕三頭筋内側頭

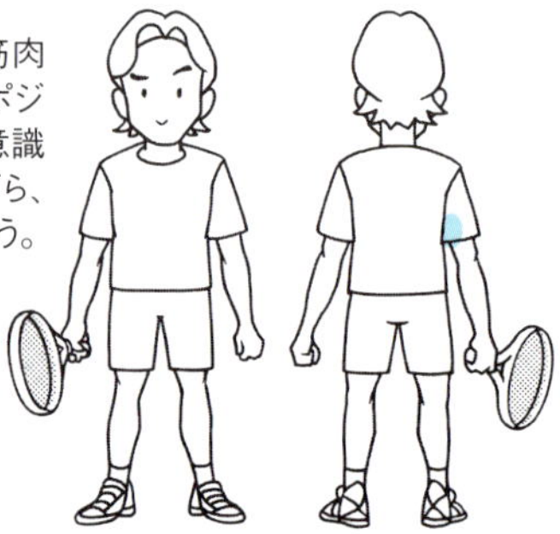

フォアハンド編では上腕二頭筋を鍛えるアームカールを紹介したが、上腕三頭筋を鍛えるトライセップエクステンションは、バックハンドで相手からのボールに負けない筋力を作ることが目的。利き腕だけでなく、両腕とも行う。

hand／Extension

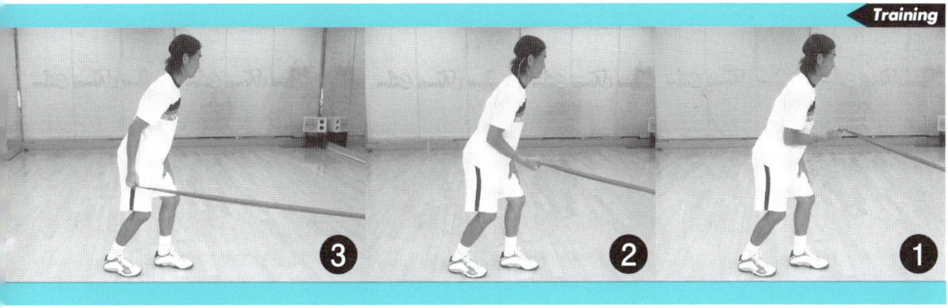

前腕の外旋

上腕三頭筋外側頭（外側）の筋肉をメインに使い、前腕内旋位のポジションから上腕三頭外側頭を意識して、外旋（外側に回旋）させながらトライセップエクステンションを行う。

意識する部位

上腕三頭筋外側頭

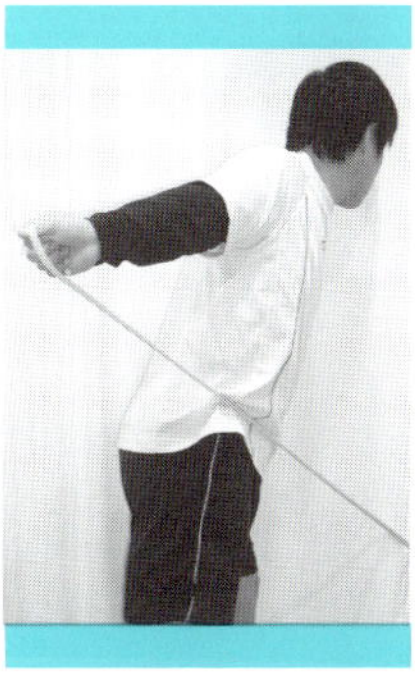

チューブ・トレーニング

Single Handed Back

低いバウンドからの片手打ちバックハンド

フォアハンド編では手首の内側を鍛えるリストカールを紹介したが、バックハンドでは手首の外側の筋を鍛えるリバースカールを行うと効果的。写真では低いバウンドから、リストを鋭く返すように使って打っているのがよくわかる。通常のリバースカールに、内旋・外旋の動きも加えて行う。

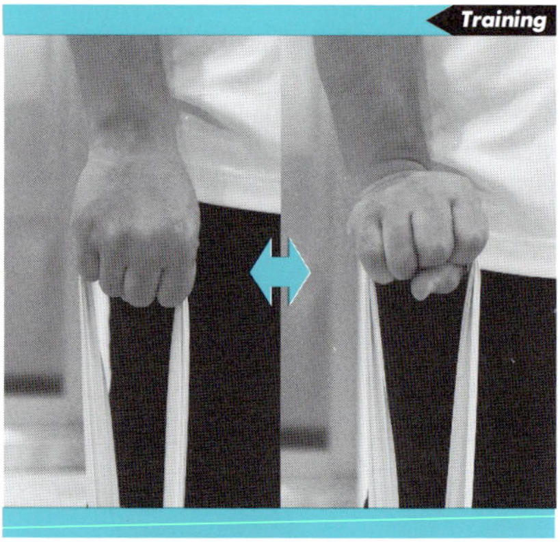

リバースカール

前腕伸筋群をメインに使って、手の甲を上に向けてリバースカールを行う。

hand／Reverse Curl

Training

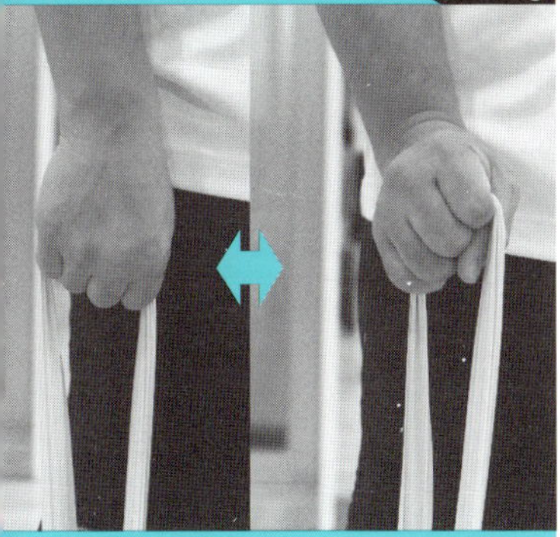

リストの内旋

前腕橈側（母指側）の筋肉をメインに使い、リスト外旋位のポジションから前腕橈側伸筋群を意識して、内旋させながらリバースカールする。

意識する部位

（前腕伸筋群）
長橈側手根伸筋、
短橈側手根伸筋

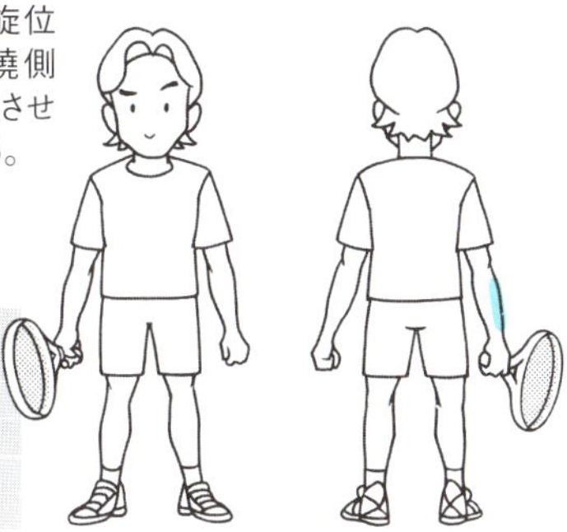

Training

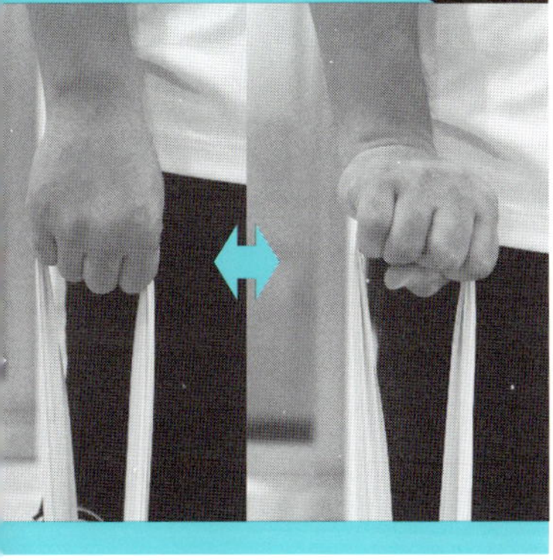

リストの外旋

前腕尺側（小指側）の筋肉をメインに使い、リスト内旋位のポジションから前腕尺伸筋群を意識して、外旋させながらリバースカールする。

意識する部位

（前腕伸筋群）
尺側手根伸筋、
小指伸筋

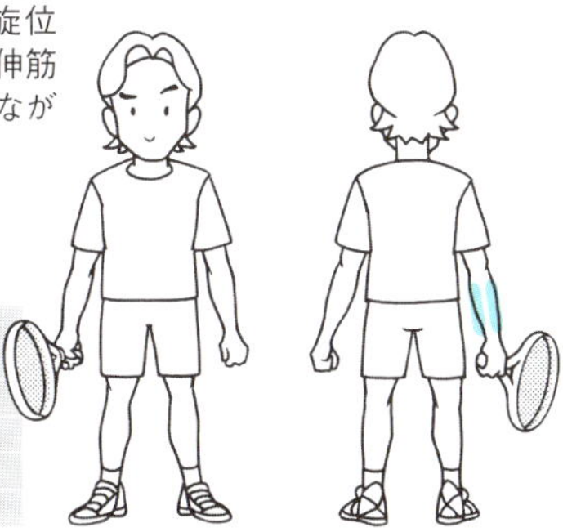

バランスボール・トレーニング

両手打ち、片手打ちに効果的な バランスボール・トレーニング

Double Handed Back

両手打ちバックハンドは 体幹のひねり動作も重要

写真を見てもわかるように、両手打ちバックハンドでは体幹のひねりとそのひねり戻しを使ってスイングしている。体幹のひねり動作のトレーニングとして、バランスボールを両手で持ち、脚を前後させながら身体をひねるツイストランジを行う。

両手打ちバックハンドストローク

ツイストランジ

身体の軸を意識して、頭がぶれないように目の高さもキープする。体幹をひねる腹筋・背筋をメインに使い、自分の可動域の最大限にひねる。ジャンプ（②〜③、⑤）＆着地（①、④、⑥）では、下肢の前面および後面の筋肉を同時に意識して行う。

hand／Twist Lunge

意識する部位

大腿二頭筋、
大腿四頭筋、腹斜筋、
腸腰筋、大臀筋

片手打ちバックハンドでは背部の筋と胸の筋をバランスよく使う

**フォアハンドに比べて片手打ちのバックハンドの動きがむずかしく感じるのは、
普段の生活で身体の後ろ側の筋肉を主に使う動作が少ないから。
特に力の入りにくい高い打点での片手打ちバックハンドは非常にむずかしいショット。
写真のように身体の後ろ側の筋と胸の筋をうまく使ってスイングしよう。
この背部の筋と胸の筋をバランスよく使う動作としては、
バランスボールを頭の上から後方に投げる動作がある。
このバックオーバースローで片手打ちバックハンドを効果的に鍛えることができる。**

Single Handed Back

高いバウンドからの片手打ちバックハンド

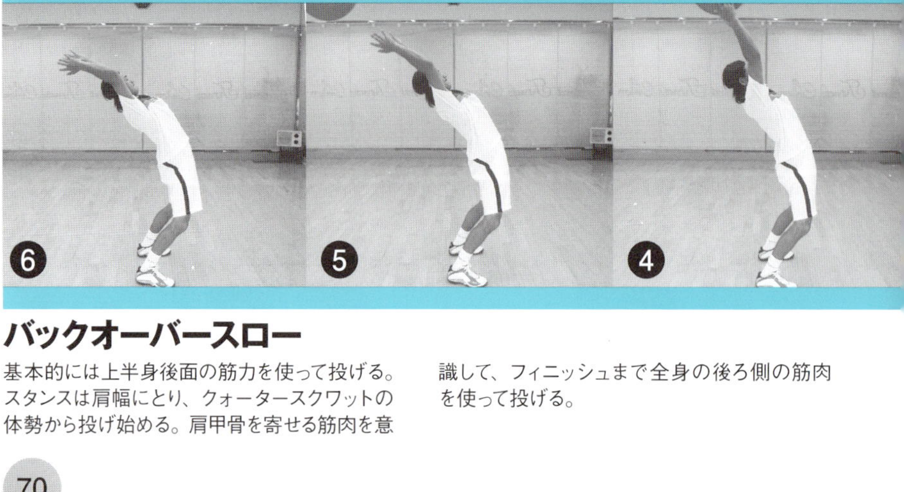

バックオーバースロー

基本的には上半身後面の筋力を使って投げる。スタンスは肩幅にとり、クォータースクワットの体勢から投げ始める。肩甲骨を寄せる筋肉を意識して、フィニッシュまで全身の後ろ側の筋肉を使って投げる。

意識する部位

脊柱起立筋、三角筋、菱形筋、僧帽筋、大腿二頭筋

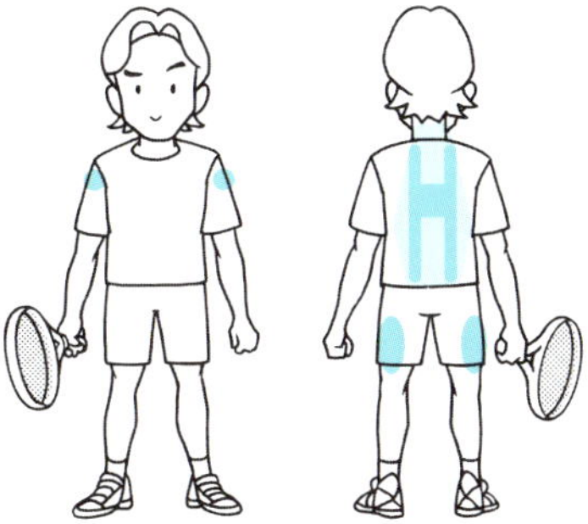

hand／Overhand throw

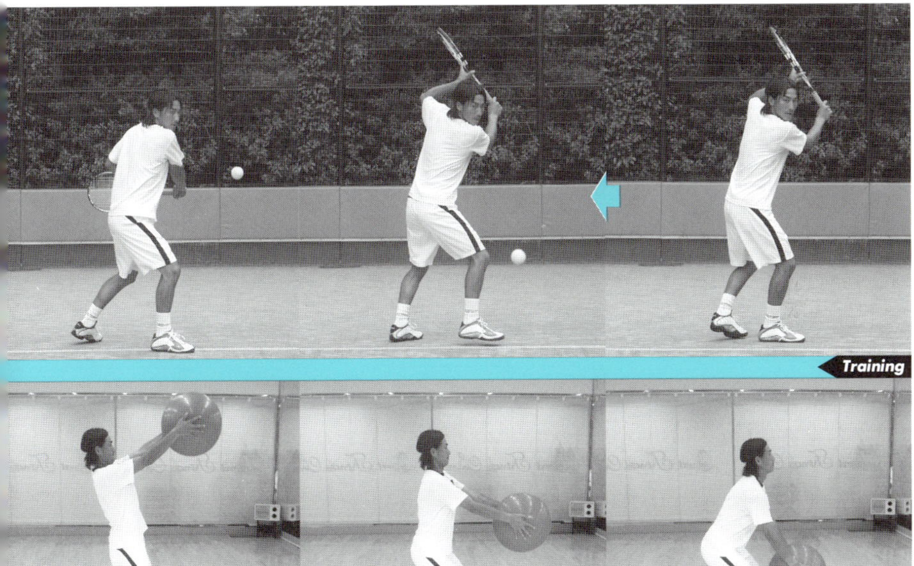

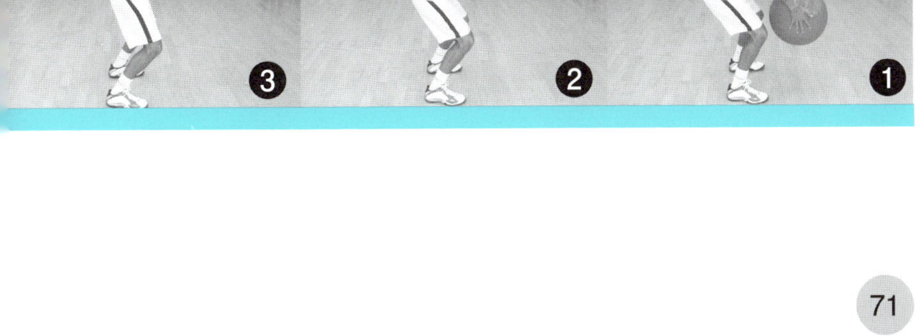

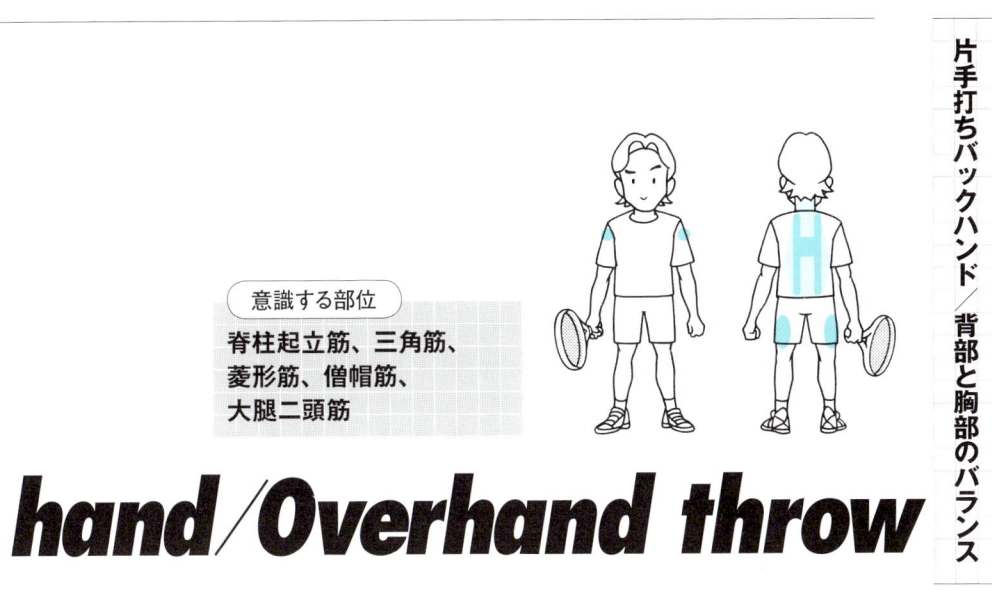

Chapter:04
Serve

サーブ編

Serve－①

スムーズに回る肩を作り、スピード、コントロール、球質を高める

スムーズなスイングで、サービスを打つ。筋力で打つというよりも、流れるような動きが強力サービスを支えていることがわかる。

スピードがあり、力強いサービスを打つためには
腕の筋肉をつければいいというのは大きな間違いだ。
肩周囲の可動域を広範囲に使えるように関節の動きをよくし、
スムーズに回る肩を作らなくては、よいサービスは打てない。
肩がスムーズに動かないと違和感や痛みが出て、ケガの原因にもなってしまう。

ペットボトル・トレーニング

ペットボトルの重さを利用して、肩をスムーズに回す

筋肉を強化するというよりも、
スムーズに回る肩を作る方がサービスのトレーニングとしては最適。
そのためには極端に大きな負荷をかけて行うトレーニングよりは、
よりサービスに近い動きをイメージして肩や腕全体をコンディショニングする。
水を入れたペットボトルを使って、
先端の重さを意識しながらスローイング動作を行ってみよう。
バランスのよい動作で、この動きを体に覚えさせると、
実際にラケットでボールを打つときもスムーズなスイングが実現する。

Serving Motion ／Throwing

スローイング

上肢はペットボトルの重さを感じながら、左右の動きのバランスをとって行う。両肩の可動域が広がるようにリラックスして行う。両肩甲骨の動きを意識して、スムーズに肩甲骨が動くように行う。

意識する部位

上腕三頭筋、菱形筋、ローテータ筋（棘上筋、棘下筋、肩甲下筋、小円筋）、体幹の全般の筋（腹筋、背筋）、大腿四頭筋、大腿二頭筋

肩や腕全体をコンディショニング

ペットボトルは適度な重さにすることができ、自分の必要な負荷に応じてコンディショニング&トレーニングできるので、非常に便利な小道具。スローイングのほかにも、肩や腕全体をコンディショニングするのに役立つ。サービスで使う動きに近いメニューで、肩や腕の動きをサポートする筋をコンディショニングし、全身のバランスをとろう。

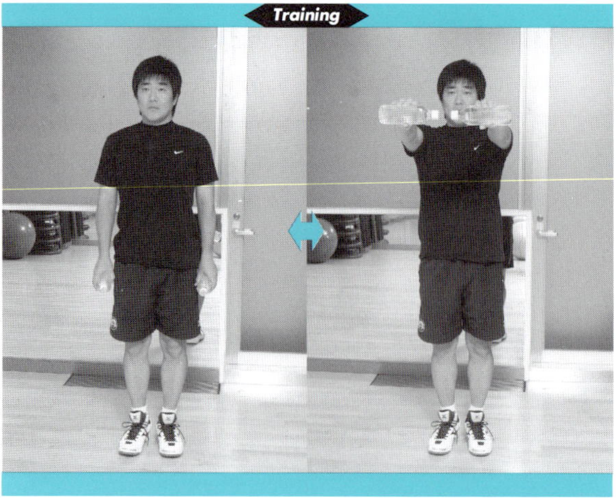

フライ&フロント

自然体で立った状態から三角筋をメインに使い、ペットボトルを肩のラインまで上げる。肩甲骨間部を意識し、姿勢を正しく行う。サイドではフィニッシュ時に後ろに肩を引くようにし、フロントでは肩幅でフィニッシュさせる。両手とも小指側を少し高い位置にする。

意識する部位

三角筋、菱形筋

フロントプッシュ

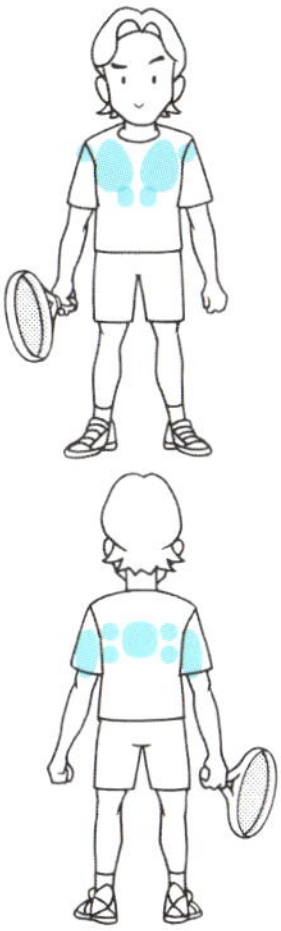

肩甲骨を寄せた状態から大胸筋をメインに使い、ペットボトルを上に持ち上げる。腕を内旋させながら、大胸筋の奥の筋（前鋸筋）を意識して上げ、フィニッシュでは肩甲骨を開くようにする。

意識する部位

大胸筋、前鋸筋、菱形筋、上腕三頭筋、三角筋、肩甲下筋、大円筋

バックプル

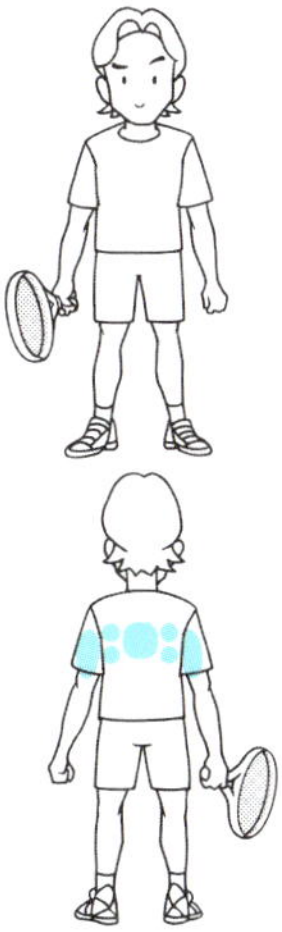

腹筋と背筋を使い、体幹を真っ直ぐに伸ばした姿勢で、上腕三頭筋をメインにペットボトルを引き上げる。肩甲骨の周囲の筋肉を意識して行う。フィニッシュでは、前腕を外旋させながら引き上げ、肩関節が前に入らないようにする。

意識する部位

上腕三頭筋、菱形筋、棘下筋、小円筋

プッシュアップ

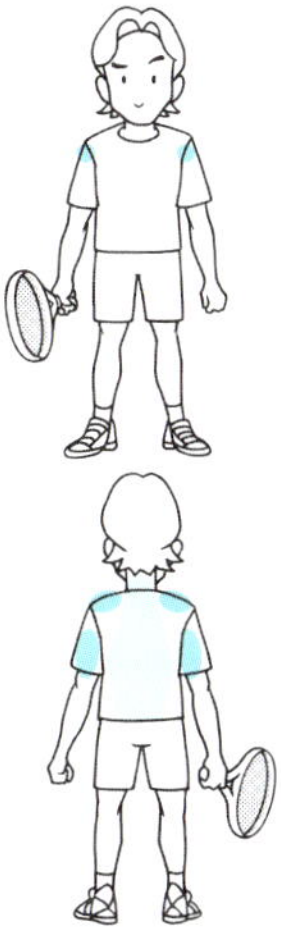

肩が前方に入らない状態から上腕三頭筋、三角筋をメインにペットボトルを上げる。肩甲骨間と肩甲骨上部の筋肉を意識して行う。フィニッシュは小指が前方を向くようにし、肩関節に負担がかからないように上げる。

意識する部位

三角筋、上腕三頭筋、僧帽筋、棘上筋

Serve-②
サーブでの体幹の使い方のポイントは、「ひねり」を意識すること

ビッグサーバーのサービスではスイングスピードの速さや膝の曲げ伸ばしに目がいきがちだが、実はそれ以上に大切なのはそれを支えている鍛えられた体幹である。

トッププロは、強力なサービスを肩や腕の力だけで打っているわけではない。
腕だけで打つサービスは弱々しいだけでなく、故障の原因にもなりかねない。
どんなショットでもパワーとコントロールに重要な鍵となる体幹（腹筋・背筋）だが、
サービスでも体幹を使って打つことが必要になってくる。
サービスでもっとも使うのは、腹筋や背筋をひねるという動作。
トレーニングでは単なる腹筋・背筋を行うのではなく、
ひねる動きを意識して取り入れるべきだろう。

腹筋・背筋

「ひねり」を入れた腹筋&背筋で、サーブで使う動きを強化

サーブでは、バックスイングからフィニッシュまで体幹をひねる動作が多い。
そのため、特に「ひねり」を入れるときに使われる筋を重点的にコンディショニングする。
もちろんひねり動作を歪まないように行うために腹筋・背筋の全体が必要になる。

Point 体幹を持ち上げるメインの筋肉は腹直筋で上がるが、同時にひねる筋力は腹斜筋を意識して行う。薄い筋肉なので、使うことがむずかしいため注意して行う。

腹筋

Training

ツイストシットアップ

通常の腹筋を行う体勢から両手を片側の太ももの横に添え、その手を上へスライドさせながら腹筋を行う。腹筋を斜めに使う動作を強化。サーブでは、ラケットをインパクトまで上げていくときのパワーアップにつながる。

意識する部位

腹直筋、内腹斜筋、外腹斜筋

Point
サーブを打つときに体幹をひねる動作で生じる軸の歪みが出ないように行う。体幹を持ち上げるときは、腹筋と背筋で歪まないように意識し、真横に上げる。

腹筋

Training

サイドシットアップ

体側を床につけ下になった膝を曲げて、頸を起こすように腹筋を使う。サービスでは、バックスイングからインパクト後のフォロースルーまで、この箇所を使ってスイングしている。

意識する部位

（腹直筋）腹斜筋、
脊柱起立筋

背筋・体幹

Training

Training

ブレストアップ

左手と右膝を床に着いた状態から、右手および左足をブレストストローク（平泳ぎ）するように動かす。逆の手足も行う。背筋とともに腹筋、体幹全体を鍛える。

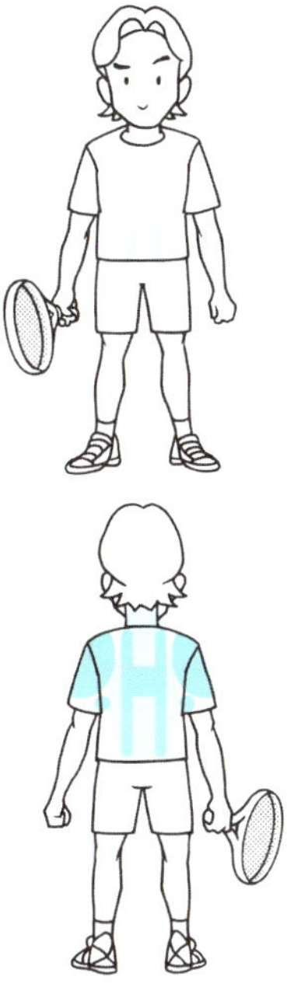

Point
体幹の後ろ側の筋肉全体を使って行う。上肢と下肢の筋肉の動きを同調させるように意識して行う。一連の動作をスムーズに行う。

意識する部位

脊柱起立筋、腸腰筋、広背筋、菱形筋、僧帽筋、ローテータ筋（小円筋、棘上筋、棘下筋、肩甲下筋）、大円筋

Serve-③
下肢を鍛え、正しく、タイミングよい使い方でサーブをパワーアップ

地面と135度の角度を作るもっとも力の入るポジションで膝を曲げてぐっと力をためているのがよくわかる。そこから、上方へとジャンプする力を利用してインパクトにパワーを集中している。

腕だけで打つサービスはパワーもなく、決してコントロールも定まらない。
トッププロは下半身の適度な曲げ伸ばしを使い、
地面を蹴る力を利用してラケットを振り上げて
インパクトでボールに最大限のパワーを与えている。
それぞれに特徴のあるトッププロのサービスフォームでも、
基本となる下肢の使い方では共通している。
膝を曲げたときの角度は、地面に対して約135度。
そこからタイミングよくジャンプしている。

スクワット&ランジ

ジャンプするためにもっとも力が入る ポジションは膝を135度に曲げた状態

よく「膝の曲げ伸ばしが重要」と言われるが、
ただ曲げれば曲げるほどよいというわけではない。
トップブロの写真を見てもらえばわかるが、下半身でぐっとタメを作った状態というのは、
大腿が地面に対して135度の角度を作るように膝が曲がっている。
この135度というのは、膝を曲げたときにもっとも力が入りやすいポジションであり、
その状態から膝を伸ばしていくのが、もっともジャンプ力が増す。
これ以上深く膝を曲げても、筋力を多く使うだけでジャンプ力を増すことはできない。
そこで、膝をこのポジションにぐっと曲げることに慣れ、そのポジションでキープできる
筋力をランジやスクワットなど軽い負荷でコンディショニングしながら鍛えよう。

Power Position ／Squat & Lunge

Training

スクワット

深く曲げすぎず、クォーター（4分の1）の状態でキープ。
※クォーター＝135度ということ。

Point スクワットを行っているときは、大腿（ふともも）の前部（大腿四頭筋）、後部（大腿二頭筋）の両側の筋肉を意識させて、両側の筋肉をバランスよく使うようにする。5〜6秒を目安にゆっくり反動を使わないように行う。

意識する部位

大腿四頭筋、大腿二頭筋、下腿三頭筋、前脛骨筋

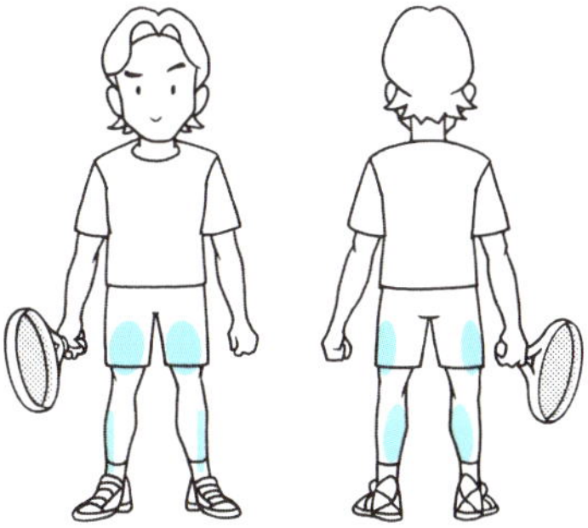

ランジ

深く曲げすぎず、クォーター（4分の1）の状態でキープしてランジを行う。
※クォーター＝135度ということ。両足とも行う。

フロント

Training

踵から着地させ、足裏の拇指球まで体重移動させ、拇指球で蹴って元に戻る。着地から戻るまで、大腿の前部および後部の筋肉を意識してバランスよく使う。膝がつま先より出ないように注意する。

斜め前

Training

サイド

Training

足裏の内側から着地させ、足裏の外側まで体重移動させ、足裏内側で蹴って元に戻る。大腿の内側および外側の筋肉を意識してバランスよく使う。

バック

Training

足裏の拇指球から着地させ、そのまま拇指球で蹴って元に戻る。着地から戻るまで、大腿の前部および後部の筋肉を意識してバランスよく使う。

斜め後ろ

Training

注意❗つま先はすべて同じ方向を向くように足を置くこと。写真ではわかりやすいように体の向きを変えています。

意識する部位

大腿四頭筋、ハムストリングス、下腿三頭筋、前脛骨筋、大臀筋、中臀筋、大腿筋膜張筋、下腿腓骨筋

ペットボトル・トレーニング

ジャンプする力を効率的に インパクトにつなげる

ジャンプしなくてももちろんサーブは打てるのだが、
トスをインパクトでタイミングよくとらえるということを考えたとき、
ジャンプするタイミングを利用してボールをとらえないと、
腕はスムーズに回ってこない。つまり、スムーズな腕の振りを使い、
大きなフォームで力強いサーブを打つためには、
ジャンプは不可欠な動きともいえる。
そこで、135度に膝を曲げた状態からジャンプし、
タイミングよく腕を上げていく流れを身体に覚えさせていこう。

Jump & Impact

サーブのタメからインパクト

Point 下肢の筋肉から動かし始め、そのパワーを体幹を通して上肢に連動させる。体幹の軸を使えるように行う。サーブのイメージで、打つタイミングと同時に力が入るように意識し、上肢と下肢のバランスをよくする。

意識する部位

大腿四頭筋、下腿三頭筋、脊柱起立筋、三角筋、上腕三頭筋

Training

ペットボトルを持ってジャンプ

水を入れたペットボトルを持ち、軽い負荷をかけて、ジャンプ。ジャンプすると同時に、ペットボトルを持った腕を頭上に振り上げる。

サーブに効くストレッチ

ストレッチで肩可動域を広げ、スムーズなスイングを実現

スムーズなサーブ動作に必要なのは、
余分な筋肉をつけるよりも可動域を広げることだ。
よくケガをするという人も、可動域が狭かったり、
または可動域の広いところと狭いところの差があるなどが原因ということが多い。
サーブ動作に不安のある人は、ストレッチで、
まずは可動域を広げるのが先決だ。

Training

肩側部

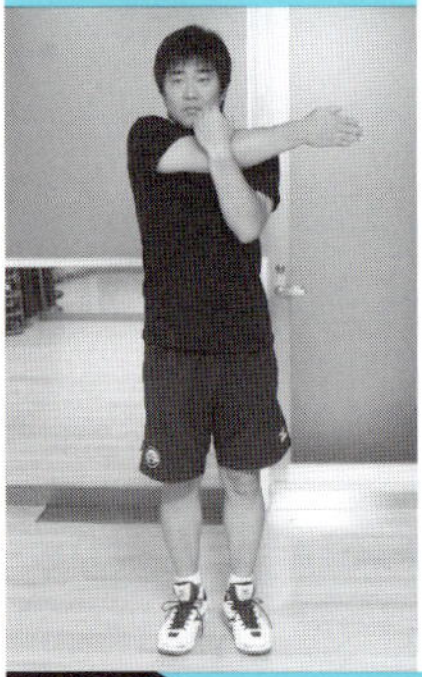

肩の三角筋を伸ばす。腕を上方向へ伸ばすと三角筋後部、下方向に伸ばすと三角筋前部が伸びる。

上腕伸筋部&肩下部

上腕三頭筋を伸ばす。および肩サイドの筋肉を伸ばす。

肩前部&胸部

大胸筋と三角筋前部を伸ばす。

肩甲間部&肩甲骨部

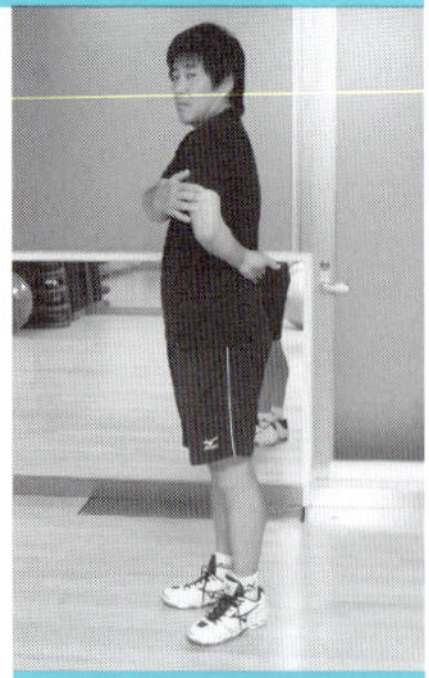

菱形筋および肩甲骨上に付いている筋肉を伸ばす。

頸部

Training

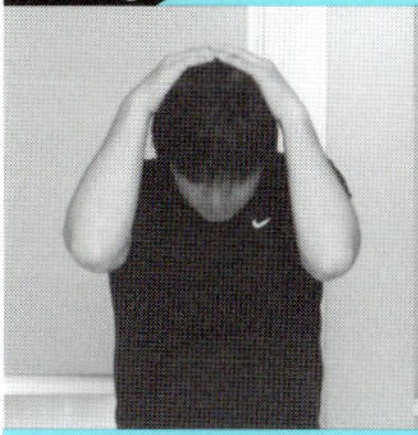

頸の後部を伸ばす。

頸のサイドを伸ばす。

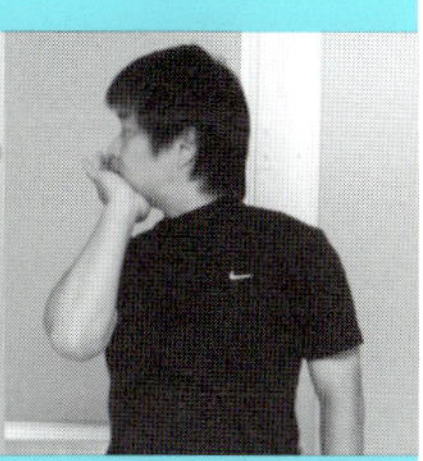

頸の前部を伸ばす。

肩&胸部

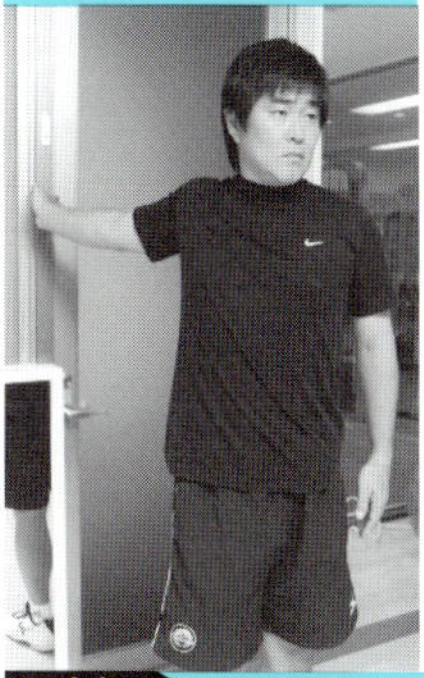

Training

大胸筋、小胸筋を伸ばす。および肩前面の筋肉を伸ばす。

後肩胸部

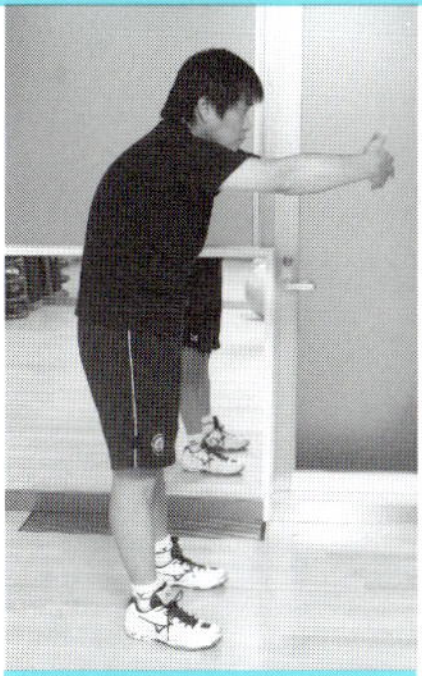

肩甲骨間の筋肉を伸ばす。

前胸部

全身の筋肉を同時に伸ばす。

サーブに効くプチ・トレ

**いつでも、どこでも、身体さえあれば、
トレーニングは可能。
そんな道具なしで、すぐに効く
プチ・トレーニングを紹介しよう。**

Point
右手、左手を上げたときは同じ側の背筋を意識して行う。逆に足は、右足を上げたときは左背筋、左足では右背筋を意識する。

寝る前にできる！体幹を鍛えるプチ・トレ

ワンハンド＆ワンレッグアップ

うつ伏せになり、手足を伸ばしたまま右手、左手、右足、左足と交互に挙げる。短時間でいいので、キープすること。上のサーブ写真を見ると、左手、右手が交互に伸び、その動作を腹筋や背筋を含めた体幹がしっかり支えていることがわかる。

意識する部位

脊柱起立筋

Point 足の拇指球で蹴り、着地も拇指球で行う。着地時には踵は着けない。

今すぐできる!
下肢を鍛えるプチ・トレ

Training

ケンケン

サーブ時に必要なジャンプは、ジャンプ自体が目的なのではなく、ジャンプによってボールを高い位置で、より前方でとらえ、ボールにパワーを与えることが目的。片足で小さくジャンプするケンケンは、ちょうどサーブでジャンプする程度の高さで行なえる。

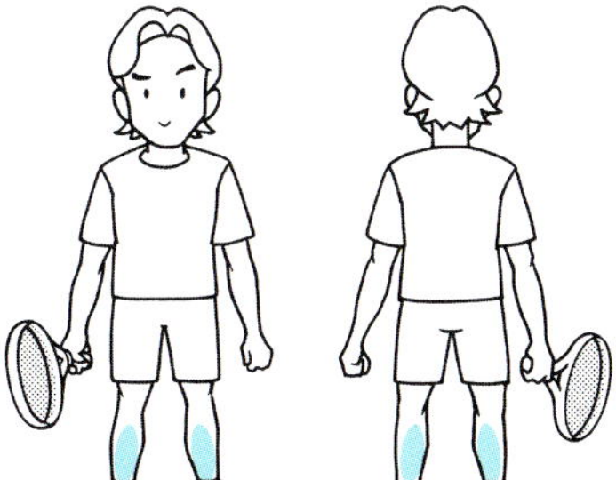

意識する部位

下腿三頭筋、前脛骨筋

Chapter:05
Volley
ボレー編

ボレーではリストを固定。
手首周辺を強化し、打点でのポジションをキープ

ペットボトル・トレーニング

補強運動

体幹はひねるよりキープ重視。
ボレーでは腹筋、背筋とも大きな筋を意識する

腹筋・背筋

STEP UP

ベストポジションへ入り、大きく斜め前へ足を出して体重を乗せ、ボールをブロック

バランスボール・トレーニング

STEP UP

プチ・トレ

Volley-①

ボレーではリストを固定
手首周囲の筋肉を強化し、
打点でのポジションをキープ

**フォアハンドボレーの準備で手首の角度を固定し、
その形のまま打点に入っている。**

ボレーは腕の動き自体は少なく、シンプルなショットだが、
グラウンドストロークの動きに慣れてしまっていると、
むしろむずかしく感じるものだ。
ストロークとまったく違うのは、手首の使い方。リストの角度を固定し、
インパクトでぐっと握ると、飛んできたボールに負けない力が入るが、
手首を動かして打とうとすると、力は入らない。
それどころか、ストロークのように腕や肘や手首を動かしすぎると、
ケガの原因にもなりかねない。

ペットボトル・トレーニング

ラケットよりやや重い＝ペットボトルで、手首周囲＋腕の筋肉をコンディショニング&トレーニング

Forehand Volley/Curl

フォアボレー

リストカール

片手でペットボトルを持ち、もう一方の手で手首を固定。手のひらを上に、筋肉を意識しながら腕を動かさずにリストだけでペットボトルを上げる。

Training

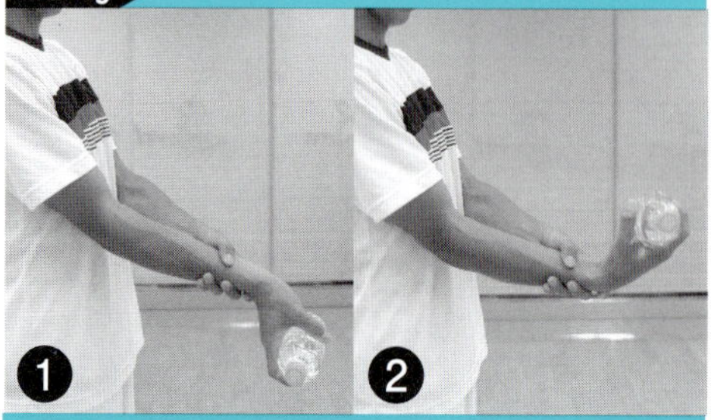

Point 指を伸ばした位置から始める。指先から意識して前腕屈筋群を使って行う。

意識する部位

前腕屈筋群（尺側手根屈筋、長掌筋、橈側手根屈筋、浅指屈筋、深指屈筋）

ラケットより若干重いものを持っているというイメージで、
手首周囲の筋肉を手軽にコンディショニングしながら強化できるのが、
（水を入れた）ペットボトルを使って行うトレーニング。
手首を動かすための筋肉というより、ぐっと握ったときにリストを固定し、
キープできるための筋肉を強化することを意識する。

橈側カール

手のひら側を体の内側に向け、筋肉を意識しながら
腕を動かさずにリストだけでペットボトルを上げる。

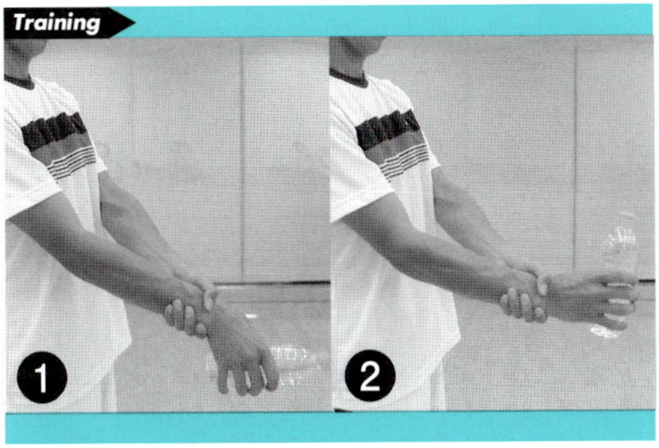

Point 拇指側の筋肉を意識させて行う。

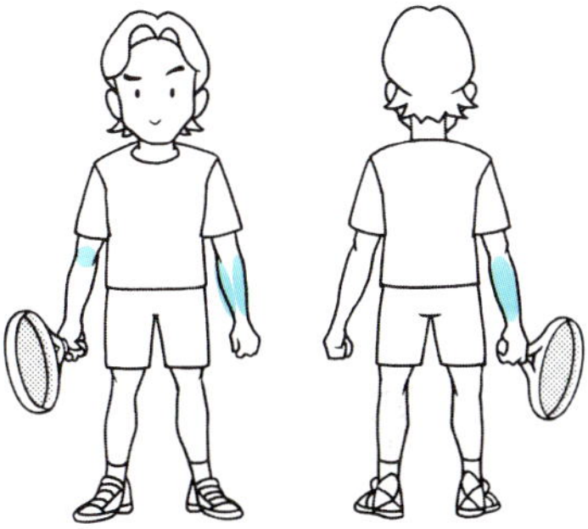

意識する部位

腕橈骨筋、橈側手根屈筋、長側手根伸筋、短側手根伸筋、長母指外転筋

アームカール

ペットボトルを持ち、勢いをつけずに肘を曲げていき、
上腕でペットボトルを上げる。

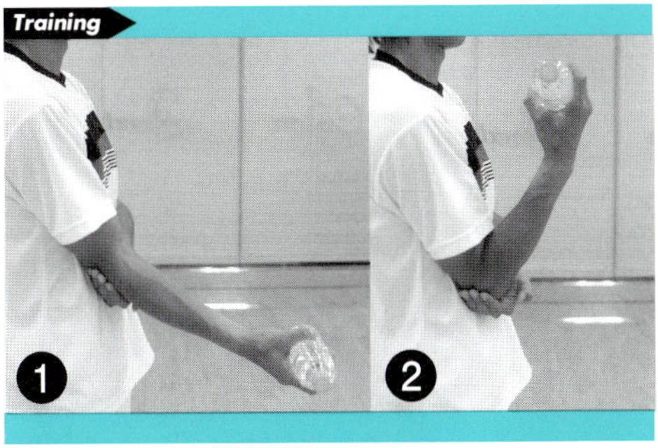

Point リストを手の甲側に反らせた位置から始める。指先から意識して腕の屈筋群を使って行う。肘を曲げる動作を、前腕と上腕をバランスよく使って行う。

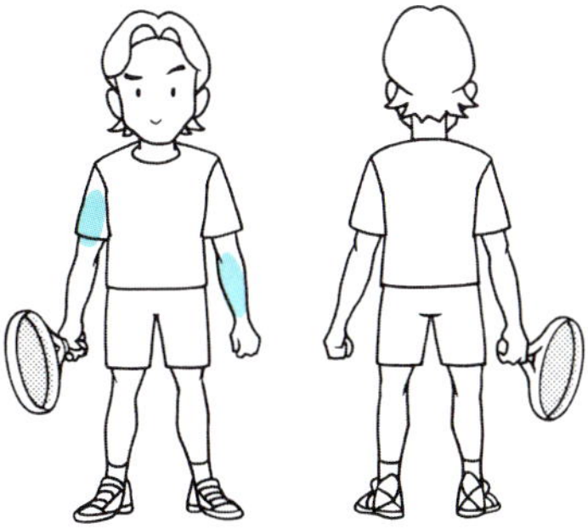

意識する部位

上腕二頭筋、前腕屈筋群、上腕筋

Backhand Volley/Curl

バックボレー

リストリバールカール

手のひらを下に、筋肉を意識しながら腕を動かさずにリストだけでペットボトルを上げる。

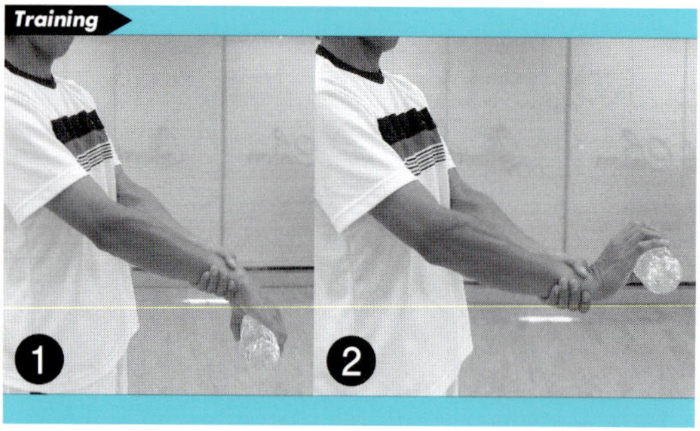

Point 手のひら側に曲げた位置から始める。指先から意識して、前腕伸筋群を使って行う。

意識する部位

前腕伸筋群（尺側手根伸筋、小指伸筋、指伸筋、示指伸筋、長側手根伸筋、短側手根伸筋）

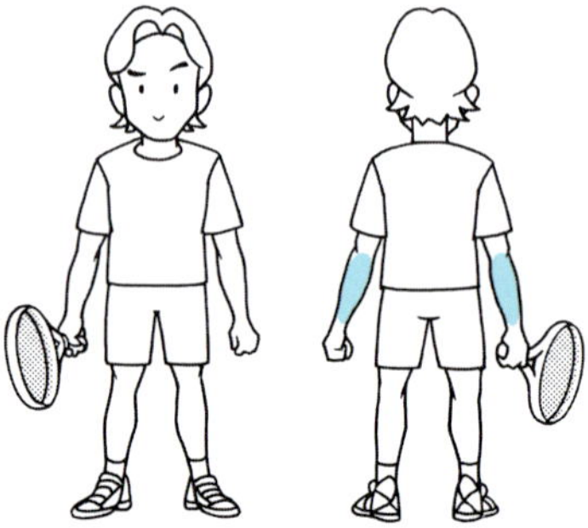

尺側カール

ペットボトルを持った腕全体を体の後方にキープし、筋肉を意識しながら腕を動かさずにリストだけでペットボトルを上げる。

Training

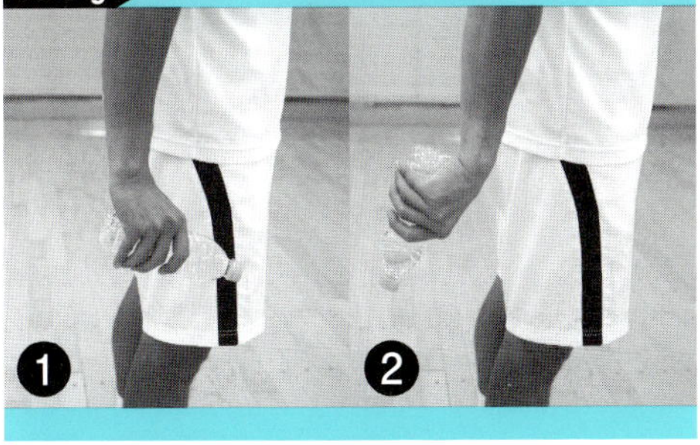

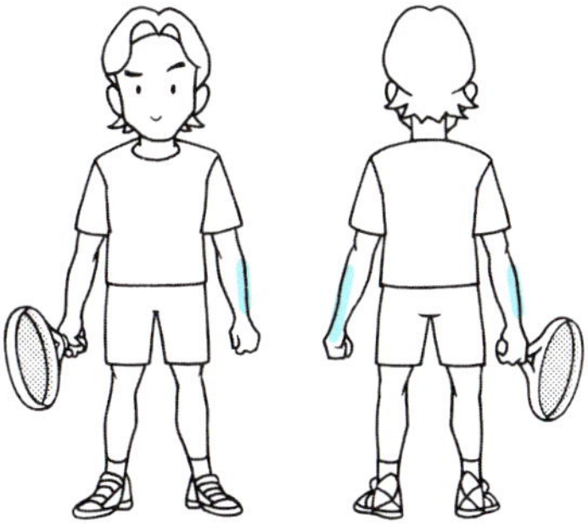

Point 小指から小指側の筋肉を意識して行う。

意識する部位

小指伸筋、尺側手根伸筋、尺側手根屈筋

トライセップカール

ペットボトルを持ち、足を適度に開き腰を曲げる。肘を曲げた状態からスタートし、勢いをつけずに肘を伸ばしていき、上腕でペットボトルを後方に上げる。

Training

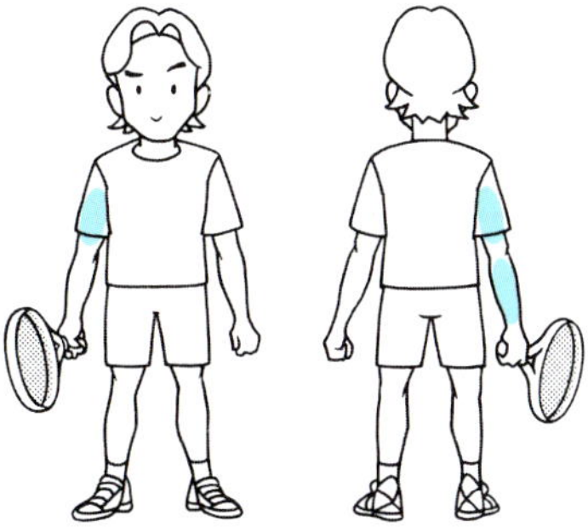

Point 手の甲側に曲げた位置から始める。指先から前腕伸筋群と上腕三頭筋を意識させて行う。肘を伸ばす動作を、前腕と上腕をバランスよく使って行う。

意識する部位

上腕三頭筋、前腕伸筋群、上腕筋

補強運動

補強運動で、手首、腕をコンディショニングしよう

リスト回旋

片手でペットボトルを持ち、もう一方の手で前腕を固定。筋肉を意識しながら腕全体は動かさずリストを使ってペットボトルを左右に傾ける。

リストラウンド

筋肉を意識しながら腕全体は動かさずにリストを使ってペットボトルを回す。時計回り、逆回りとも行う。

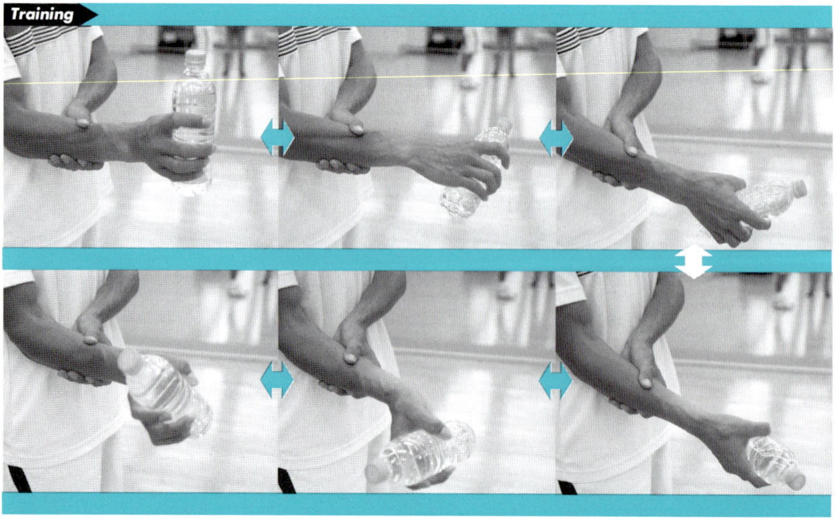

フロントプッシュ

ペットボトルを持ち、腕を伸ばしたまま前方から上へあげる。

Point 肩甲骨と上腕骨頭の関節面が合うように、肩周囲の筋肉をバランスよく意識する。腕を前に上げていくとき、肩関節面が前に入り込まないように肩甲骨を寄せて行う。

意識する部位

三角筋、僧帽筋、肩甲挙筋、大胸筋

バックプッシュ

ペットボトルを持ち、腕を伸ばしたまま後方に引き上げる。

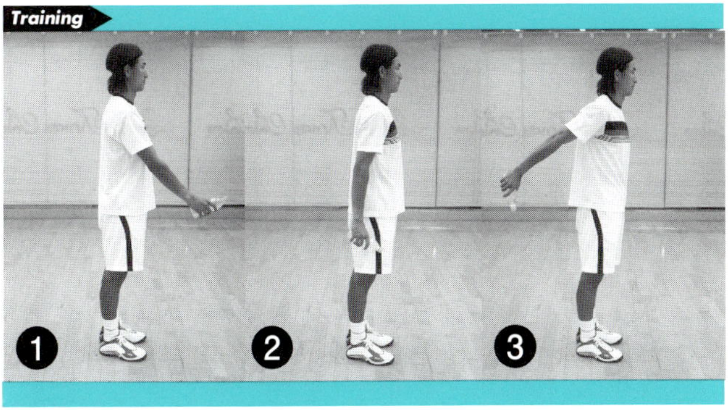

Point 肩甲骨と上腕骨頭の関節面が合うように、肩周囲の筋肉をバランスよく意識する。腕を後ろに上げていくとき、肩甲骨上の筋肉を使い、上腕を外旋させるように移動させる。

意識する部位

棘下筋、小円筋、大円筋、広背筋

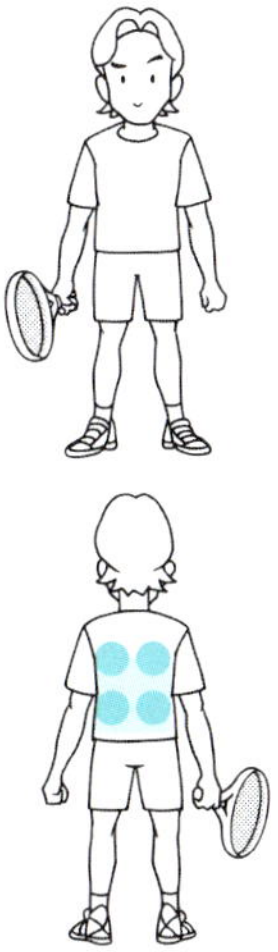

Volley-②

体幹は捻るよりキープ重視 ボレーでは腹筋、背筋とも 大きな筋を意識する

足を使ってしっかりと打点に入りながらも、体幹の軸はぶれていない。肩のターンによりひねり動作もあるが、打点では体幹の筋をキープしている。

ボレーではグラウンドストロークと違い
リストを動かしすぎずにキープすることが重要だということを伝えたが、
体幹の使い方もストロークやサーブとは違う。
サーブでのトレーニングでは「ひねる」動作を強調したが、
ボレーではぐっとキープすることが必要となってくる。
体幹がぶれないようにキープすることで、ラケットでしっかり壁を作り、
安定したボレーを打つことができるのだ。
腹筋、背中の全体、つまり体幹の大きな筋を意識して強化しよう。

メインは腹筋・背筋とも大きな筋肉を使って、体幹をキープするトレーニングを行う

Forehand Volley /Sit-up

フォアボレー

腹筋 ストレートシットアップ

膝を曲げて仰向けに寝た状態から腹筋。両手を太ももに置いた状態から腕をスライドさせていき、腹筋を使って起き上がる。

Training

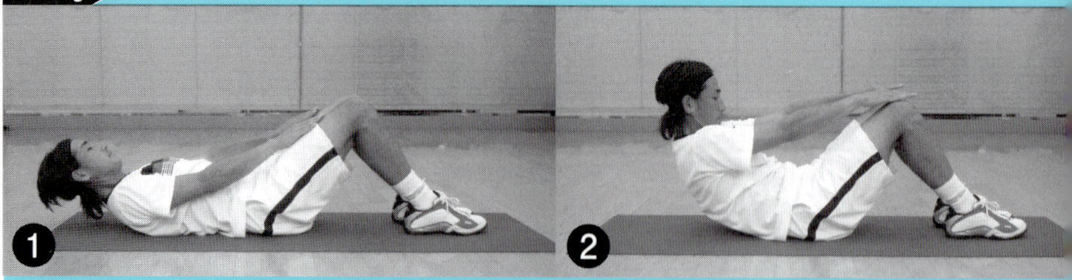

Point はじめのポジションは膝を 90 度に曲げ、足のつま先部に脚の重さを感じさせる。背中から腰にかけてぺったり浮かないよう床につけて行う。上体を起こすときはヘソを見た状態で行い、腹部中央ラインを意識する。

腹筋、背筋とも基本的には、
一番大きく強い筋である腹直筋や脊柱起立筋を意識して強化し、
そのフォローとして周囲のひねる動作に使う筋肉をコンディショニングする。

腹筋 クランチャー

仰向けに寝た状態から両足を上げる。両手を膝に置いた状態から手を脛へとスライドさせるように状態を起こす。

Training

Point ヘソを見た状態のまま行い、腹筋上部を意識する。

意識する部位

腹筋上部

意識する部位

腹直筋（腹全体）

Backhand Volley /Hand & Leg Up

バックボレー

背筋 ハンドアップ

両腕両足を伸ばして、うつぶせに寝る。手のひらを床に着けた状態から、背筋を使って手を床から浮かせるように上げてキープ。

Training

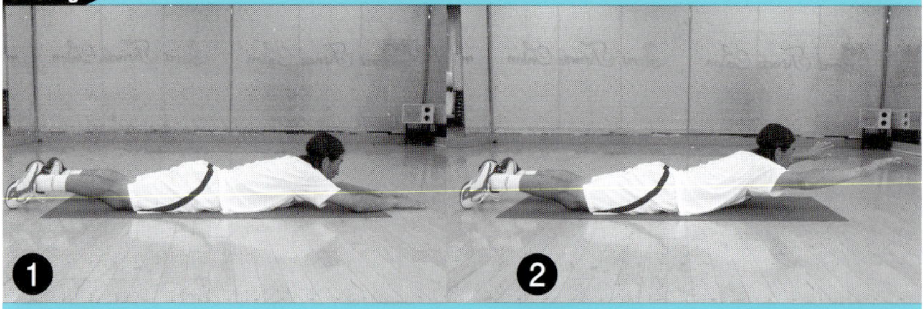

Point 背筋上部を意識させて反らせる。逆に腰部を反らせすぎないようにする。

意識する部位

脊柱起立筋上部、僧帽筋

背筋　レッグアップ

両腕両足を伸ばして、うつぶせに寝る。背筋を使って両足を床から浮かせるように上げてキープ。

Training

Point　腰部の筋肉を意識して背筋下部を反らせる。脚は高く上げすぎない。

意識する部位

脊柱起立筋下部、大臀筋

STEP UP

プラスαで
大きな筋肉をフォローする
「ひねる筋」もコンディショニング

腹筋 ツイストフロント

仰向けに寝た状態から右手を右方向に伸ばし、左足は膝を曲げる。上体をひねるように左手で右手首を握り、その状態から腹筋を使って上体を左方向へとひねっていく。逆側も同様に行う。

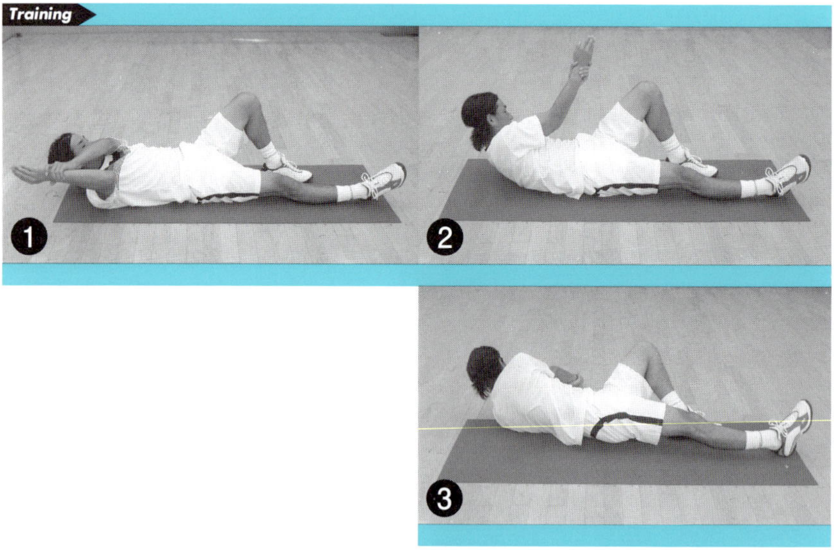

Point 腹部サイドの筋肉を意識して行う。

意識する部位

腹斜筋

背筋 ツイストバック

うつぶせに寝た状態から両手はやや開いて床に着く。左膝を曲げ、背筋を使って膝下を逆方向へと捻り、ふたたび元の位置に戻す。右足も同様に行う。

Training

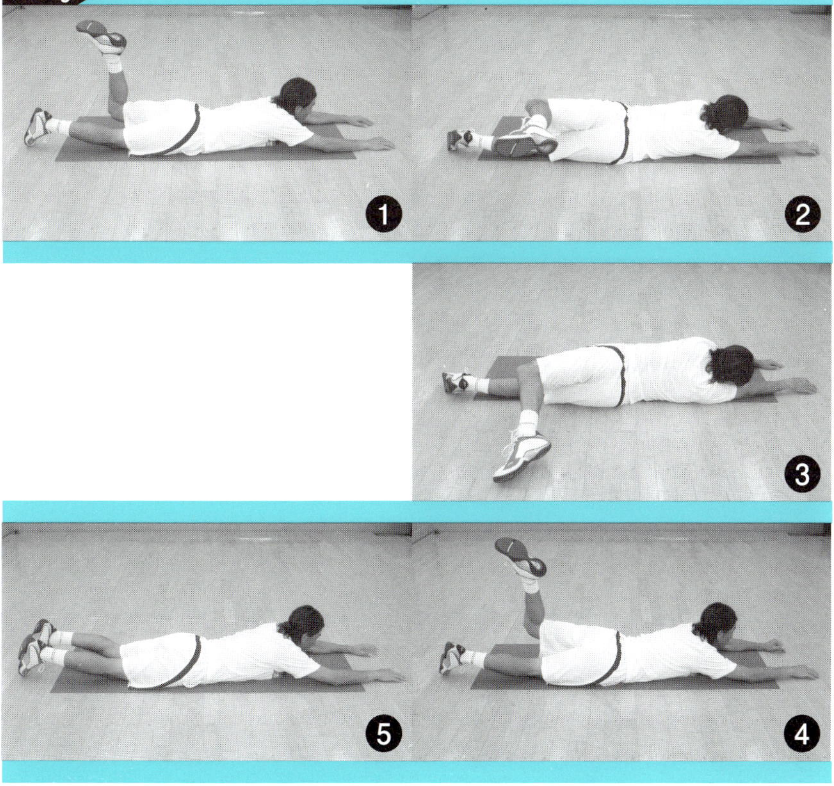

Point 脊柱起立筋全体を意識して行う。

意識する部位

脊柱起立筋、腸腰筋

Volley－③

ベストポジションへ入り 大きく斜め前へ足を出して体重を乗せ、 ボールをブロック

**レディポジションからスプリットステップを行い、
ボールがどこへ飛んでも反応できる体勢を作る。
そこから左足でベストポジションに入り、
打点に向かって大きく右足を踏み込んでいる。**

腕の動きに目がいきがちなボレーだが、実は足が非常に重要。
トッププロの動きはスムーズなため足をそれほど
動かしているように見えないかもしれないが、
しっかりベストポジションに入っているからこそボレーをミスしないのだ。
また、相手のボールが強ければ強いほど、手ではなく、
足の踏み込みでブロックするため、
踏み込み足にしっかり体重を乗せる必要がある。
斜め前へ、自分が足を出しても体がぶれない範囲で大きく踏み出そう。

バランスボール・トレーニング

バランスボールを使って、効果的に下肢をトレーニング

Middle Volley/Fore
ミドルボレー／フォア

ミドルポジションでキャッチ

意識する部位

大腿四頭筋、大腿二頭筋、大胸筋、前腕屈筋群、上腕二頭筋、下腿三頭筋

Point 利き腕の屈筋群を意識してボールをキャッチする。膝の角度は、135度以上は曲げないようにする。

ボレーにおける下肢の代表的なトレーニングとしてはランジが挙げられる。
サーブのランジがクォーター（4 分の1）のランジなら、ボレーはより深く。
ただし、実際のボレーでは自分の打球できる範囲があるため、それを超えると
バランスを崩しやすい。足を大きく出しても、しっかり体重移動ができなければ
ミスにつながる。まずはそのポジションを知り、その範囲でトレーニングするために、
ボールキャッチから始める。自分から意識してランジを行うより、ボールキャッチで
行った方がよりボレーの動きに近くなる。大きなバランスボールを使うと、
十分に膝を曲げてキャッチ&キープするため、
意識付けとしてのトレーニング効果がある。

hand&Back
ミドルボレー／バック

ミドルポジションでキャッチ

Point
利き腕の伸筋群を意識してボールをキャッチする。膝の角度は、135度以上は曲げないようにする。

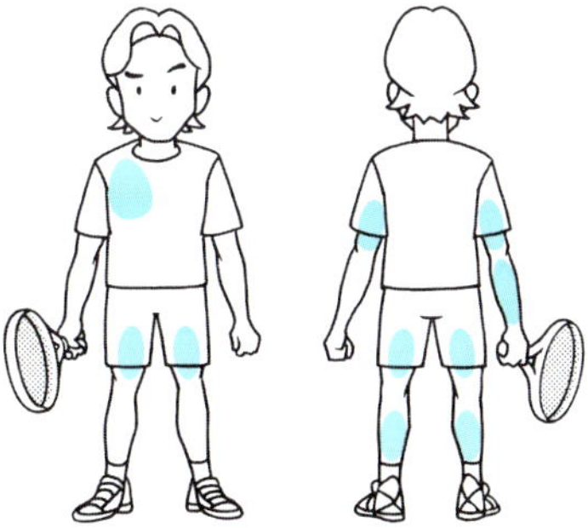

意識する部位

大腿四頭筋、大腿二頭筋、大胸筋、前腕伸筋群、上腕三頭筋、下腿三頭筋

low Volley／Forehand

ローボレー／フォア

バランスボール・トレーニング

ローポジションでキャッチ

※ハーフボレーのときも同様

Training

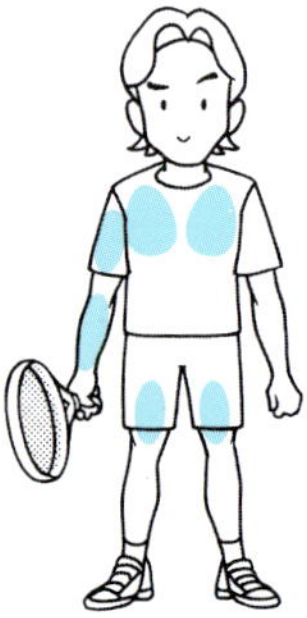

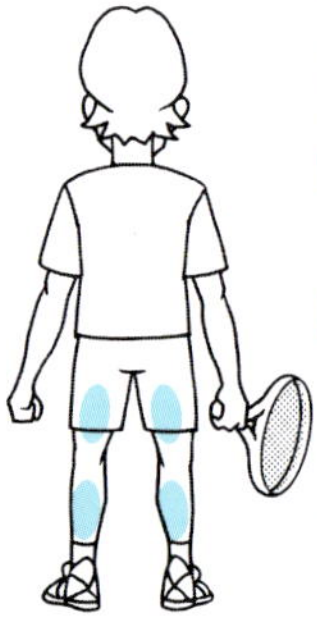

Point 胸を張った姿勢のまま、腰を曲げないでボールをキャッチする。ボールの下に入れるように下肢全体、及び利き腕の屈筋群を意識する。

意識する部位

大腿四頭筋、大腿二頭筋、下腿三頭筋、大胸筋、前腕屈筋群、上腕二頭筋

&Back
ローボレー／バック

ローポジションでキャッチ

※ハーフボレーのときも同様

Point 胸を張った姿勢のまま、腰を曲げないでボールをキャッチする。ボールの下に入れるように下肢全体、及び利き腕の伸筋群を意識する。

意識する部位

大腿四頭筋、大腿二頭筋、下腿三頭筋、大胸筋、前腕伸筋群、上腕三頭筋

High Volley／Forehand

ハイボレー／フォア

ハイポジションでキャッチ

Point 膝が伸びすぎないようにし、ボールをキャッチするときも目線を上下させないこと。利き腕の屈筋群を意識する。

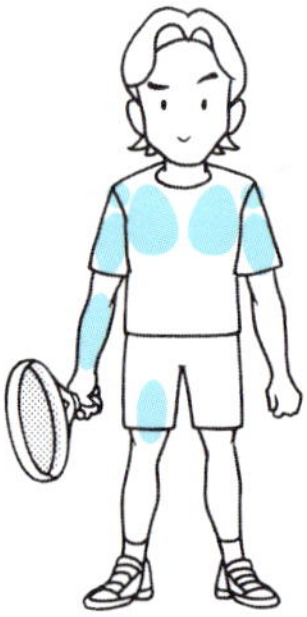

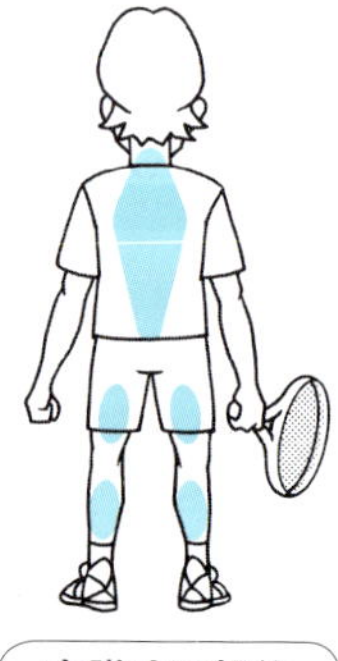

意識する部位

大腿四頭筋、大腿二頭筋、下腿三頭筋、三角筋、僧帽筋、大胸筋、前腕屈筋群、上腕二頭筋

&Back

ハイボレー／バック

ハイポジションでキャッチ

Point 膝が伸びすぎないようにし、ボールをキャッチするときも目線を上下させないこと。利き腕の伸筋群を意識する。

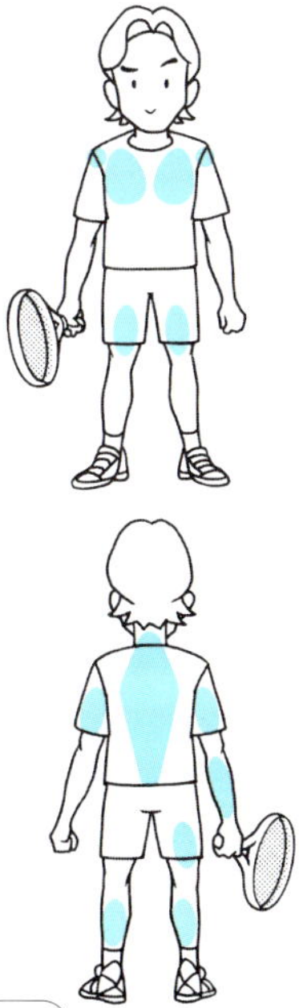

意識する部位

大腿四頭筋、大腿二頭筋、下腿三頭筋、三角筋、僧帽筋、大胸筋、前腕伸筋群、上腕三頭筋

Jamping Smash

ジャンピングスマッシュ

アップポジションでキャッチ

※スマッシュのときも同様

Training

Point ジャンプ時の空中バランスを体幹を意識して行う。

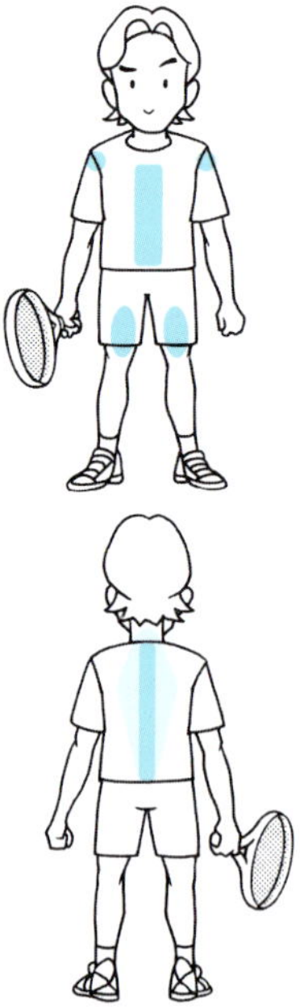

意識する部位

大腿四頭筋、脊柱起立筋、僧帽筋、三角筋、腹筋

Split step
スプリットステップ

ボレーは相手からの距離も短く、すぐに反応しなくてはならないため、ただ突っ立っているだけではボールに手が出ない。そのため、どんなボールにでもすぐに反応できるレディポジションを作ろう。

バランスボールバウンド

ボレーではレディポジションからすぐに動けることが非常に重要になる。その「すぐに動ける」レディポジションを作るためのフットワークのトレーニング。バランスボールの上に乗り、そのバウンドを使ってブレないように前方にレディポジションを作る。膝の使い方が鍵。

Point 下肢のパワーを意識してバウンディングさせ、体幹の筋肉でバランスをとる。

意識する部位

腹筋、脊柱起立筋、
大腿四頭筋、大腿二頭筋、
下腿三頭筋

STEP UP

実戦では斜め前や横方向に足を出していく場面がよくでてくる。
ボレーの動きがバランスボールで自然につかめたら、次はランジでより深く行ってみよう。

真横へ足を踏み出し、なんとか返球したフォアボレー

クロスランジ

※両足とも同様に行う

Point 着地で脚の内側を意識して行う。

意識する部位

**大腿四頭筋、
大腿内転筋群、
下腿三頭筋、前脛骨筋**

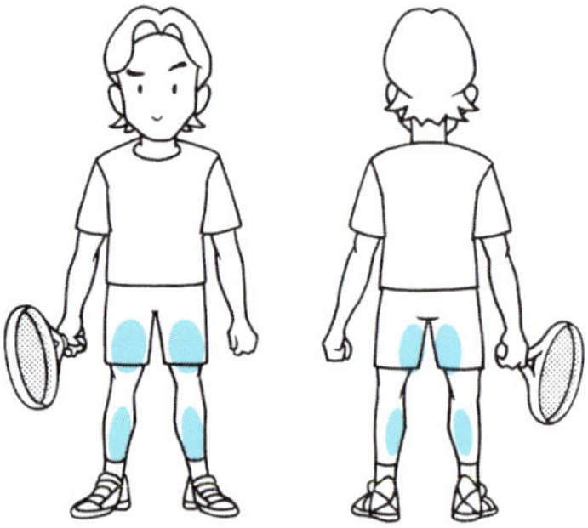

斜め前

Point 着地で脚の外側を意識して行う。

意識する部位

**大腿四頭筋、
大腿二頭筋、
下腿三頭筋、前脛骨筋**

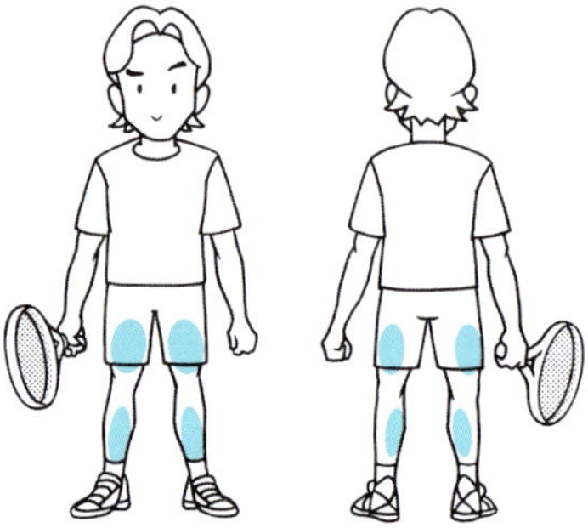

横

どこでもできる！ 下肢を鍛えるプチ・トレ

片足スクワット

片足で体重を支え、バランスのとれる筋力をつけよう。両足とも行う。

Point 胸を張ったまま、上体が前後左右にブレないように行う。

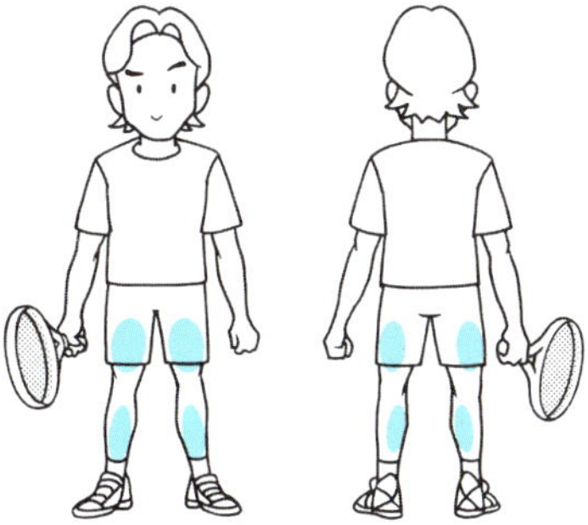

意識する部位

大腿四頭筋、大腿二頭筋、
下腿三頭筋、
前脛骨筋

ジャンプランジ

ジャンプを入れて前後にランジを行う。瞬発的に筋を鍛える。

Point 顔のポジションは同じ位置をキープして行う。

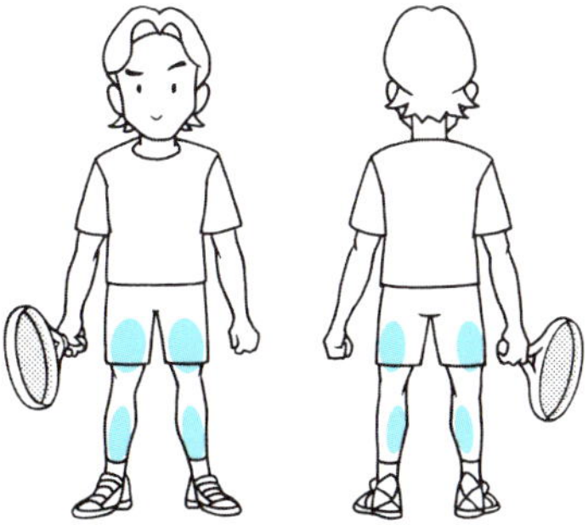

意識する部位

大腿四頭筋、大腿二頭筋、
大腿内転筋群、
下腿三頭筋、前脛骨筋

Chapter:06
Footwork

フットワーク編

常に足を細かく動かし、ボールへ入っていくためのアジリティ能力を高める

テニスボールを使ったフットワーク・トレーニング

突然の反応が必要な場面では足を高く引き上げてスピードアップする

ペットボトル・トレーニング

ラケットを使ったフットワーク・トレーニング

踏み込み、切り返しなど
パワー系フットワークにはまずは足首周りの強化を

補強運動

バランスボール・トレーニング

Footwork-①

常に足を細かく動かし、ボールへ入っていくためのアジリティ能力を高める

**ベストポジションでスマッシュを行うために
チャンスボールであっても小刻みに足を動かしている。**

テニスで必要とされるフットワークは、
主にパワー系、スピード系、アジリティ系と分けて考えることができるが、
直線を加速していくスピードよりも、ボールに対してもっとも打ちやすい
ポジションに入るために調整する細かいフットワーク、
いわゆるアジリティの方がさまざまな局面でより重要になってくる。
フットワークにおいてはそれぞれをバランスよくトレーニングすることも大切だ。

テニスボールを使ったフットワーク・トレーニング

サッカーのリフティングで「ボールに体を寄せる」動きを身につける

サッカー選手が練習で行うリフティングはまさにアジリティを高めるトレーニング。身近にあるテニスボールで行ってみよう。足を細かく動かすトレーニングとしては有効だ。ただし、実際のテニスのプレーでは相手コートからボールが飛んでくるため、ボールの落下地点は自分でコントロールできるわけではない。

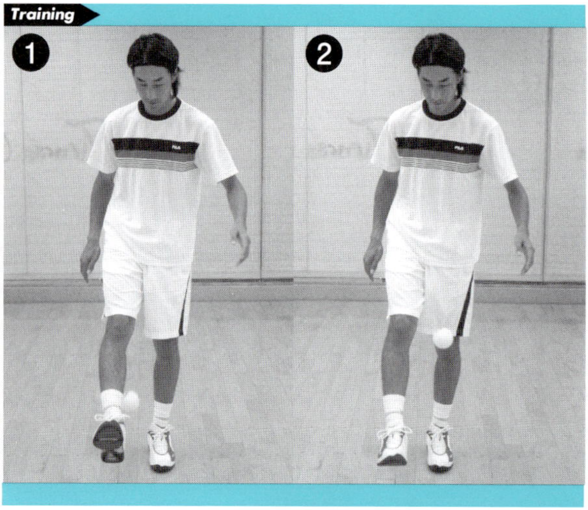

ボールリフティング

体幹のバランスをとりながら臀部から下肢の筋肉を使ってボールリフティングする。ボールが小さいので、ボールの中心をとらえる目と集中力が要求される。

足裏ボールコントロール

足の裏で床に置いたボールを転がす。前後に転がしたり、左右に転がしたり。足を細かくスムーズに使おう。片足ずつ、両足とも行う。

左右

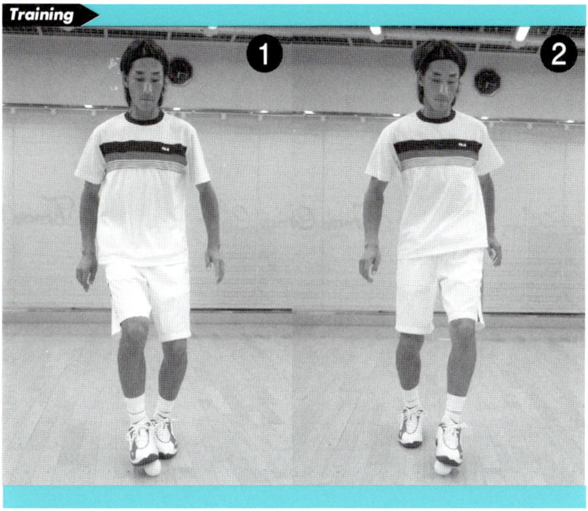

ボール片足タッチ

床に置いたボールを動かさないように、片足ずつタッチ。これも細かく足を動かすのがポイント。

前後

アジリティ・トレーニング

Agility

コーンなどを使って行ってもいいが、テニスボールさえあれば自宅でも簡単に足を細かく使うトレーニングは可能。常に足を細かく動かせていなければ、大事な場面でも足は動かない。

Training

ワンボールラウンド

床に置いたボールの周囲を、足を小刻みに動かして回る。時計回り、逆回りとも行う。

▼フォアに回り込んでいるフットワーク

細かいフットワークを使ってフォアハンドに回り込み、もっとも攻撃しやすいポジションに入っている。フットワークは直線的ではなく、円を描くように使っていることがわかる。アジリティ・トレーニングも曲線的に行うことで効果があることがわかるだろう。

ツーボール8ラウンド

両足ぶんを開けて置いたふたつのボールの周囲を、8の字を描くように回る。

Footwork-②

突然の反応が必要な場面では足を高く引き上げてスピードアップする

相手のショットがドロップショットと判断するや、すばやく第一歩を踏み出して前方へ向かっている。膝や股関節を使って足を引き上げて対処のスピードを上げている。

テニスではフットワークにおいて単にスピードのみを求めるわけではないため、
通常のラリー時において膝を高く上げる足の使い方は少ない。
ただし、例えばドロップショットを打たれたような場面では、
膝と股関節を使って足を高く引き上げることで一歩目がスムーズになり、
動き出しのスピードが上がる。
当然ボールに追いつく可能性が高くなるため、
これに関してもアジリティ系トレーニングとして取り入れたい。

ペットボトル・トレーニング

股関節と膝を引き上げ、「ボール に追いつく」フットワークを身につける

自宅でも手軽にできるのがペットボトルを使った以下のトレーニング。
ペットボトルを倒さないように股関節と膝を引き上げることで、
突然の反応が必要とされる場面でも足を効果的に使うことができるようになる。
高さ違いのペットボトルを使うことで、
より膝を上げる意識が出て効果もアップする。

Dash

ネット前方へのダッシュ

ボトルラン

直線に並べたペットボトルの間に足をついて軽く走る。

前方

膝を高く上げ、スピードを上げて行う。腕も脚に合わせて速く振り、リズミカルに行う。下肢の前部および後部の筋肉を使い、股関節周囲の筋肉を意識させて行う。

サイド

膝を高く上げ、スピードを上げて行う。腕も脚に合わせて速く振り、リズミカルに行う。下肢の外側および内側の筋肉を使い、股関節周囲の筋肉を意識させて行う。

ボトルバウンディング

ジグザグに置いたペットボトルを倒さないよう飛び跳ねて越える。片足ずつ、また両足でも行う。進行方向を向いて行ったら、今度は体の向きを変えて行う。

Training

両足

両足をそろえて、つま先でジャンプする。両腕をリズミカルに脚に合わせて振る。

意識する部位

下肢の前部および後部
腸腰筋

Training

片足

同じ足を使って、つま先でジャンプする。軸がぶれないように下肢の筋肉を使う。

Training

両足／前方を向いて横方向へ進行

両足をそろえて、つま先でジャンプする。
左右に軸がブレないように両足のバランスをうまく使う。

意識する部位

腹筋および背筋、
股関節周囲、腸腰筋

意識する部位

下肢の外側および内側
腸腰筋

跳躍運動

オンコートまたオフコートで「ボールに追いつく」フットワーク・トレーニングを行う

ラケットジャンプ

ラケットを床に置いて障害物とし、踏まないようにジャンプ。
片足ずつ、また両足でも行う。ラケットを縦横に置き換えると、
ジャンプの幅が変わる。どのジャンプでも、体の軸がぶれないように
臀部から下肢にかけての筋肉を意識して行う。

両足・小ジャンプ

両足をそろえて早いテンポで行い、
目の高さを変えないで行う。

片足・小ジャンプ

同じ足を着き、早いテンポで行い、
目の高さを変えないで行う。

Training

両足・大ジャンプ

両足をそろえて高くジャンプする。

Training

片足・大ジャンプ

同じ足を着き、高くジャンプする。

意識する部位

臀部から下肢、腸腰筋

Footwork-③

踏み込み、切り返しなど
パワー系フットワークには
まずは足首回りの強化を

**一歩目でぐっと右足を踏み込み、サイドへ体重を移動。
インパクトを迎えながら左足をサイドへと大きく踏み込み、
その後さらに次のショットに備えるため、右足を蹴り、
コート中央へと戻るパワーを得ている。**

フットワークのトレーニングでは、プロプレーヤーの間でも
パワー系のトレーニングが欠けていることが多い。
試合ではタイミングを崩されたり、逆をつかれることが多く、
それをリカバーするためにはスピードトレーニングばかりではなく、
パワー系のトレーニングも必要。
そのパワー系のトレーニングの中でも、接地面と近い足首周りを強化することによって、
地面からのパワーを伝えやすくし、スムーズな動きをサポートすることができる。

補強運動

道具を使わず、手軽に「踏み込み」&「切り返し」のパワー系フットワークを鍛える

切り返しや踏み込んだりするプレーでは、パワー系フットワークを使っている。“パワー” というと太腿など大きな筋を使った動きをイメージしがちだが、実際それ以上に重要となってくるのが地面に接している部分やその周辺。地面を蹴ってパワーを生むためには、接地面と近い足首周りで踏ん張る必要がある。例えば、どんなに重心を低くして軸を作ろうとしても、足首がブレれば体全体もブレてしまう。まずは簡単な補強運動で、足首周りを強化しよう。

かかと歩き

かかとだけを着いて歩く。膝を伸ばした状態で行い、真っ直ぐつま先を上に向けて歩く。かかとの中央部で着地し、足関節前部の筋肉を意識させる。

つま先歩き

つま先だけを着いて歩く。膝を伸ばした状態で行い、真っ直ぐかかとを上に向けて歩く。拇指球で着地し、足関節後部の筋肉を意識させる。

Training

かかと→つま先歩き

かかと→つま先と床に徐々につけていくように、前方に向かって歩く。かかと中央部で着地し、少し足裏外側に体重を乗せながら、つま先に体重移動、最後に拇指球で地面を蹴って歩く。

Training

つま先→かかと歩き

つま先→かかとと床に徐々につけていくように、後方に向かって歩く。拇指球で着地し、少し足裏外側に体重を乗せながら、かかとに体重移動、最後にかかと中央部で地面を蹴って歩く。

補強運動

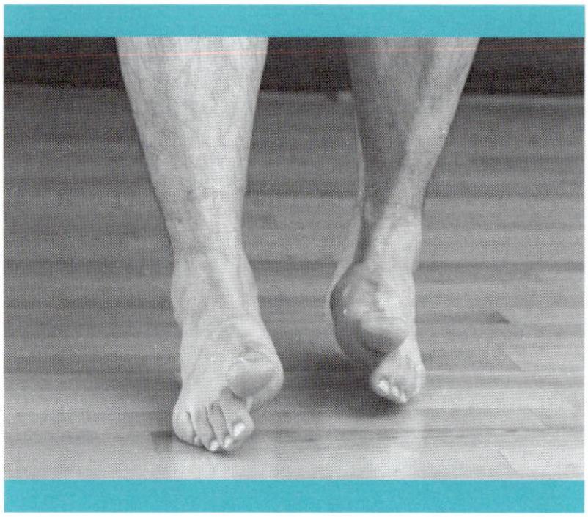

外側歩き

足の裏の外側だけを着いて歩く。足裏の外側全体を使い、足関節内側の筋肉を意識させる。

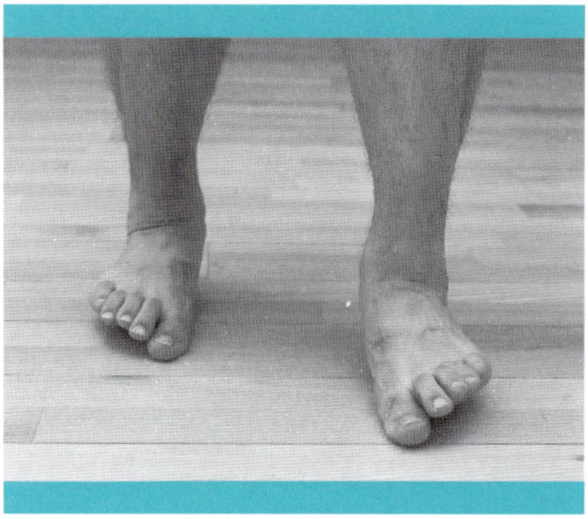

内側歩き

足の裏の内側だけを着いて歩く。足裏の内側全体を使い、足関節外側の筋肉を意識させる。

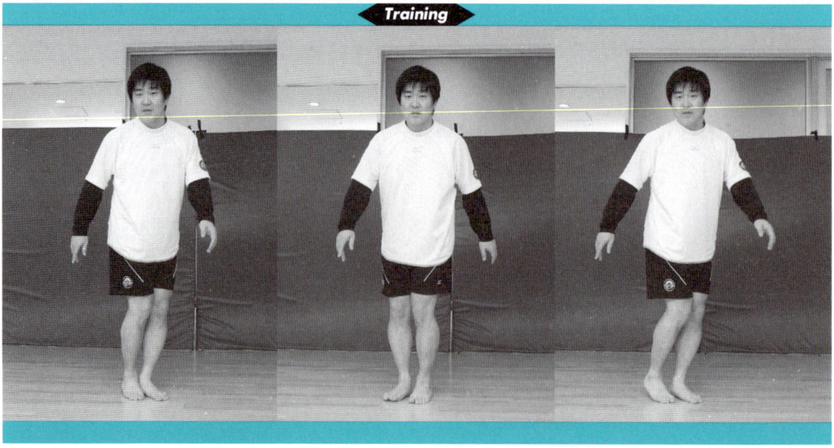

サイドツイスト歩き

つま先を着き、かかとをやや浮かせてサイドへ→かかとを着き、つま先をやや浮かせてサイドへ移動。足関節全体の筋肉が、前部→（内側・外側）→後部→（外側・内側）とスムーズに使えるように意識する。

カーフレイズ

段差を使って、つま先立ち→かかとを沈める動作を繰り返す。拇指球に体重を乗せ、下腿後部の筋肉を意識させて行う。膝を伸ばした状態で行う。

カーフ&スクワット

足を肩幅より少し広めに開いて立ち、つま先立ちのままスクワット。拇指球に体重を乗せ、下腿全体を意識させて行う。膝がつま先より前に出ないように行う。

補強運動

Training

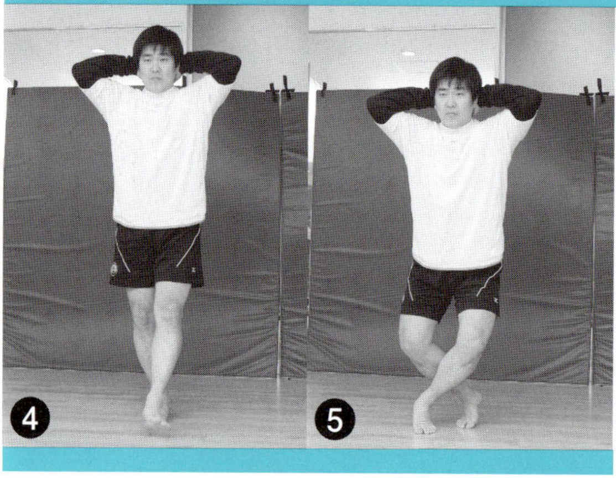

クロスウォーク

カーフ&スクワットをするタイミングで、両足をクロスさせてサイドへ異動。基本的には下肢全体を使い、特に下肢の内側、外側の筋肉を意識させて行う。

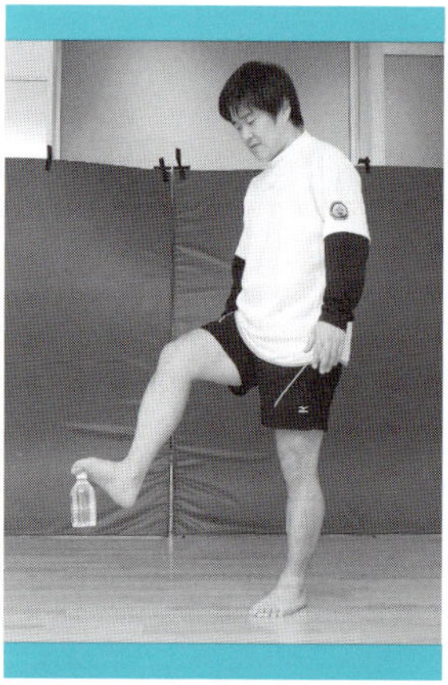

ボトルピックアップ

小さいサイズのペットボトルに水を入れ、適度な重さに。キャップの部分を足の指でつかんで持ち上げる。地面を足の指でぐっとつかむというフットワークのためのトレーニング。主に拇指と第2指を使ってピックアップし、同時に他の指も意識して力を入れる。

※リハビリとして行う場合は、キャップの部分だけをつかんで→置いてを繰り返す。

バランスボール・トレーニング

バランスボールを使って、下肢全体を強化

トレーニングは飽きないためにも、工夫が大切。
バランスボールを使ってフットワークを強化することもできる。

ハムストリングスでバランスボール乗り

床に仰向けになった状態でバランスボールの上に足を乗せ、ハムストリングスを使って動く。下肢を乗せた状態から膝を90度に曲げた状態にまで脚を体幹に引き付ける。肩から膝まで体を真っ直ぐに伸ばすこと。全身の筋肉を使い、特に体の裏側の筋肉を意識させて行う。

バランスボールはさみ歩き

バランスボールを両足ではさんだまま前後に歩く。ボールをまたいで膝を曲げた状態から下肢の筋力を使って全身のバランスをとって歩く。バランスをキープできるように、下肢内側の筋肉を意識させて行う。

付録①

本書のトレーニングで使う主な筋および部位

前腕屈筋群

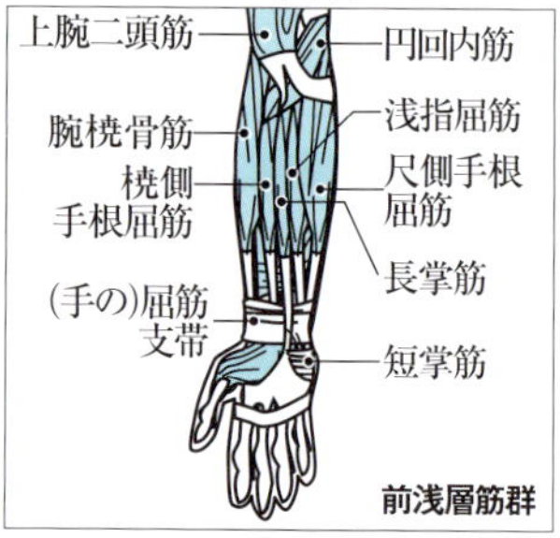

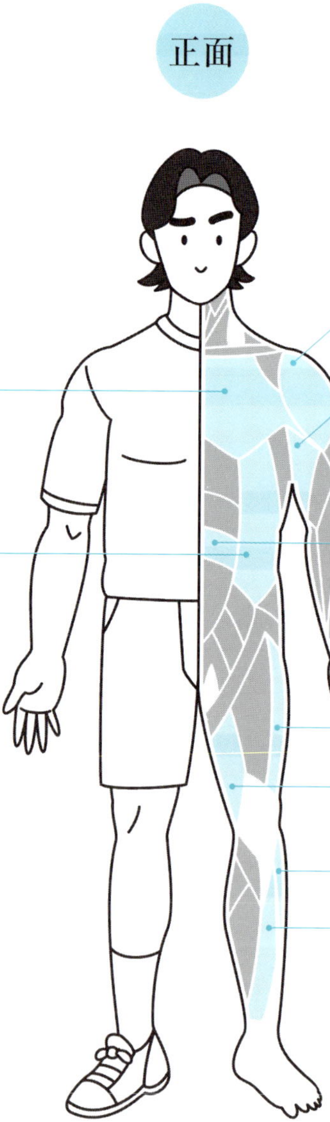

腹横筋

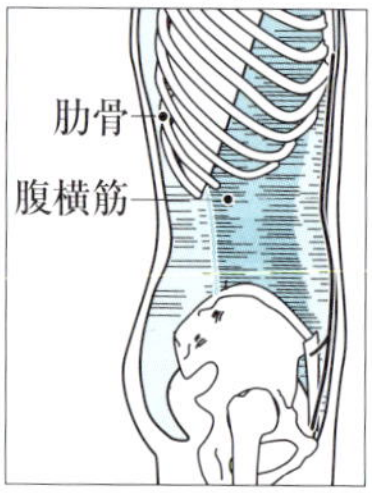

腸腰筋

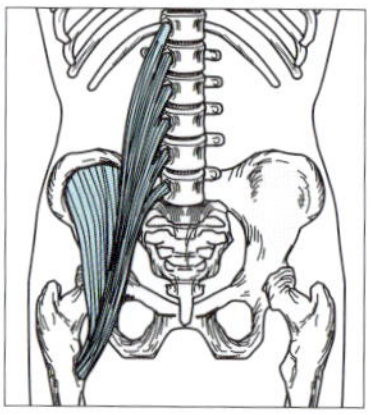

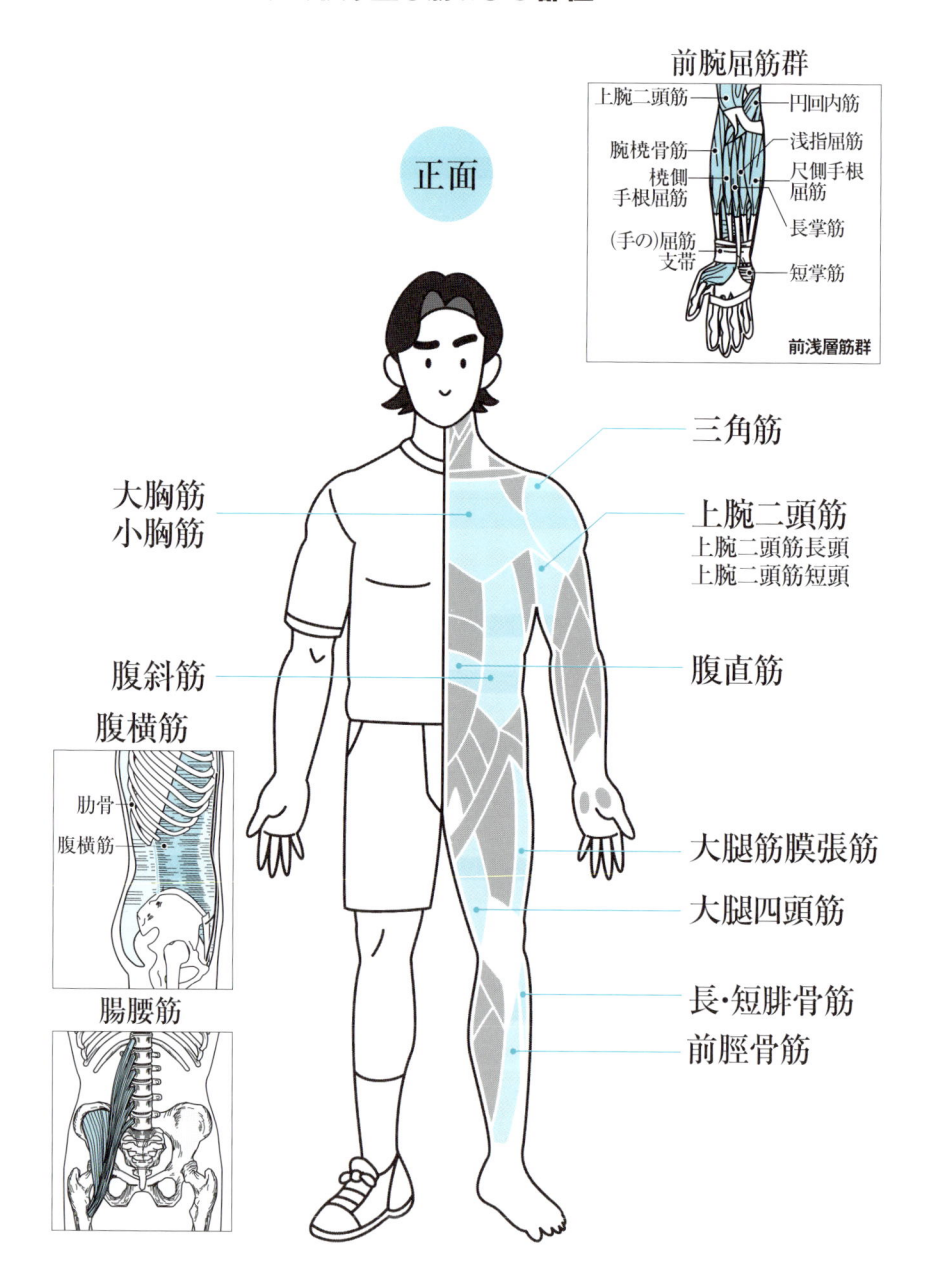

前腕伸筋群

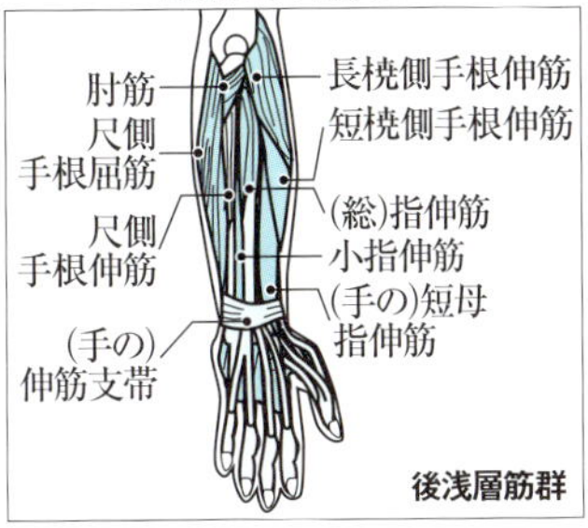

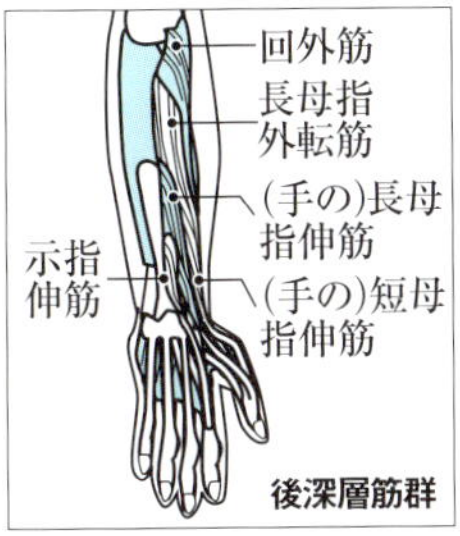

ローテーター・カフ

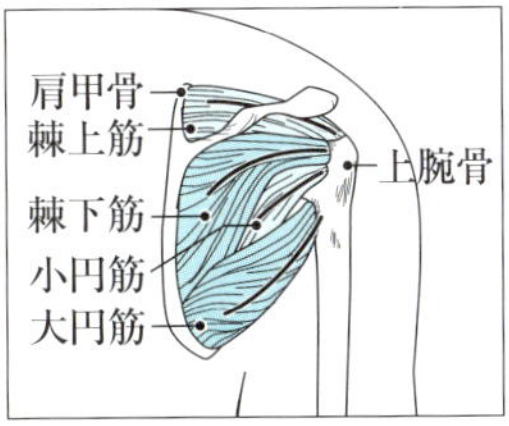

肩甲挙筋・菱形筋

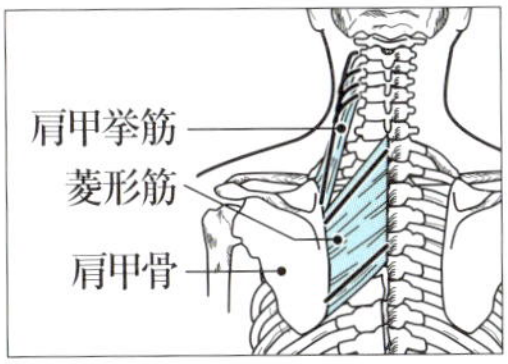

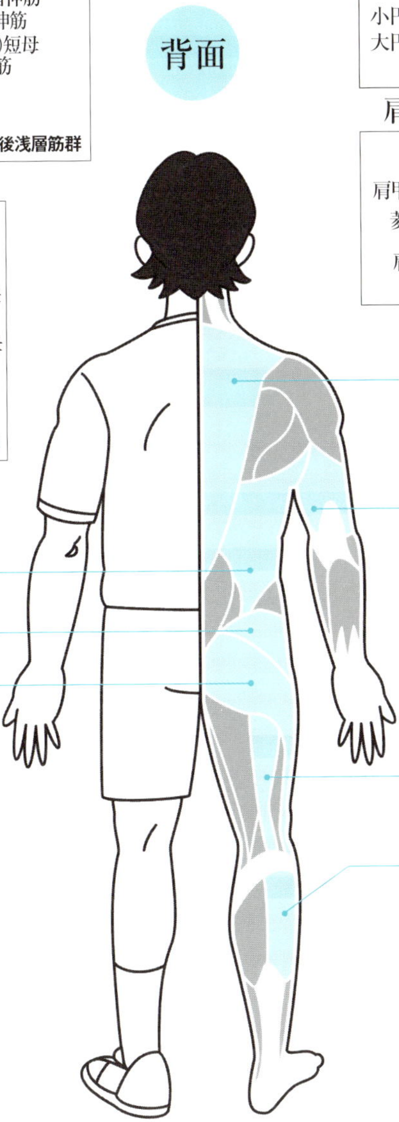

脊柱起立筋

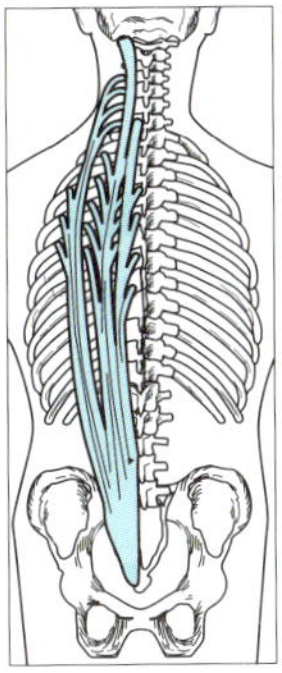

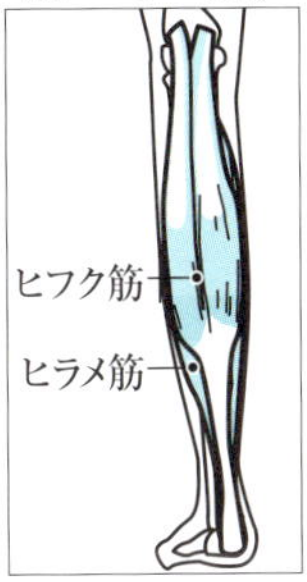

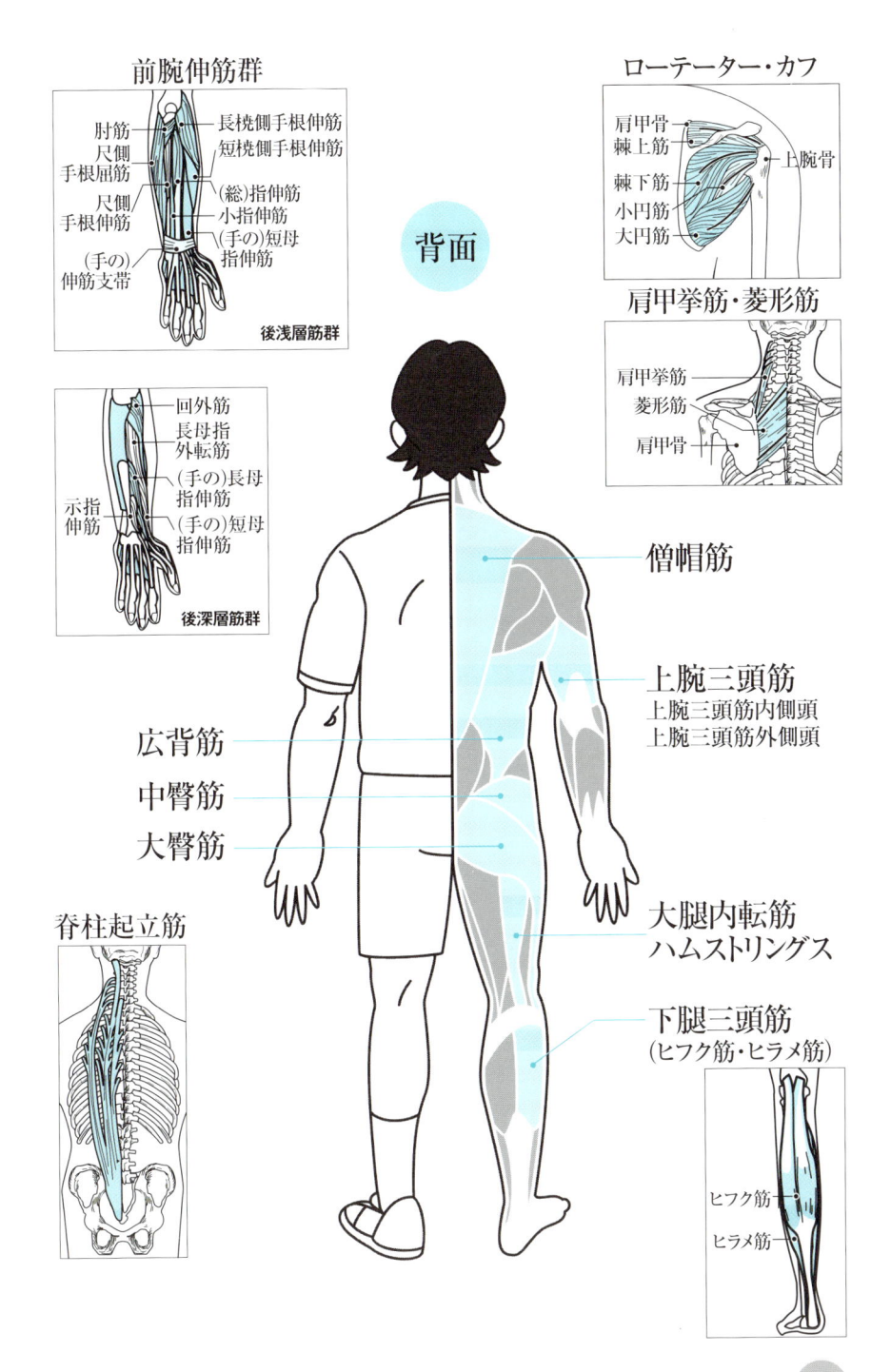

付録②

全身ストレッチ

プレー後やトレーニング後は疲労している筋肉の疲労物質の排出を促し、体の疲れを取り除き、疲れを残さないためにストレッチを行いましょう。ストレッチは身体のバランスを整え、ケガ予防にもなります。

Point

- ●伸ばす筋肉を意識して、筋肉をリラックスさせながらゆっくり負荷をかけていく。決して筋肉に力を入れないこと。
- ●それぞれ約30秒を目安とし、普段の可動域付近まで伸ばす。写真のようにパートナーが押してくれるときは押した時点から筋肉は伸びるが、一人で行うときは伸びはじめるまで15秒ほどかかるので、30秒以上は行いたい。
- ●順序には重要性はないが、なるべく太い筋肉から始めるとスムーズに行いやすい。また、試合や練習などが続いているときは、疲れている硬い筋肉から行うとよい。

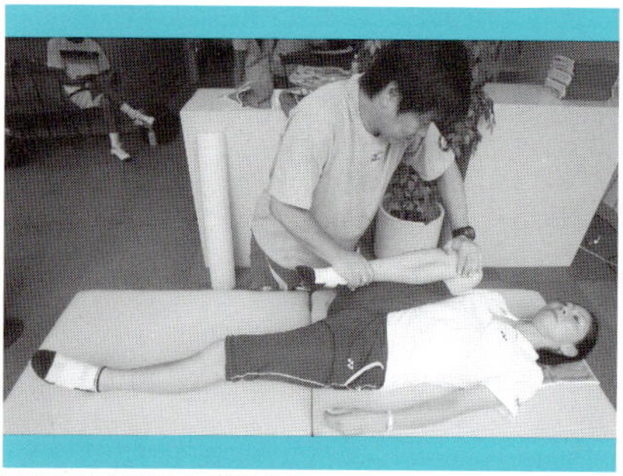

脚の股関節を伸ばす

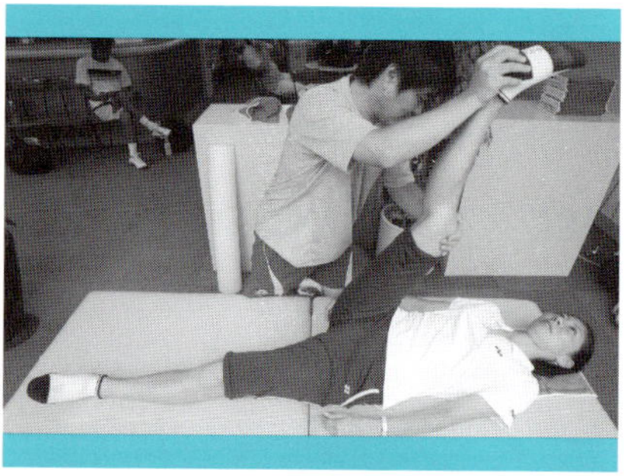

ハムストリングス&下腿三頭筋の
下肢後部を伸ばす

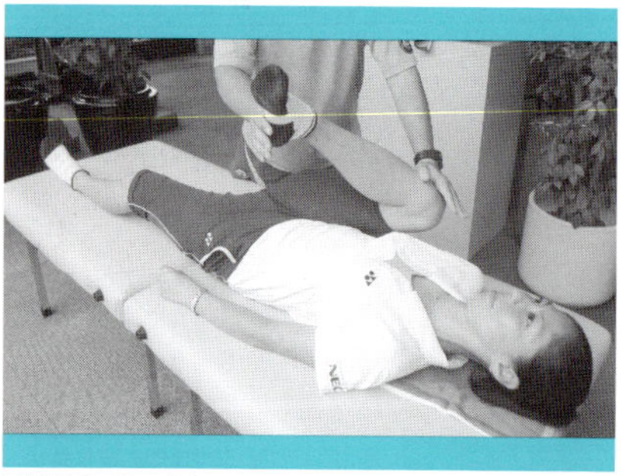

臀部を伸ばす

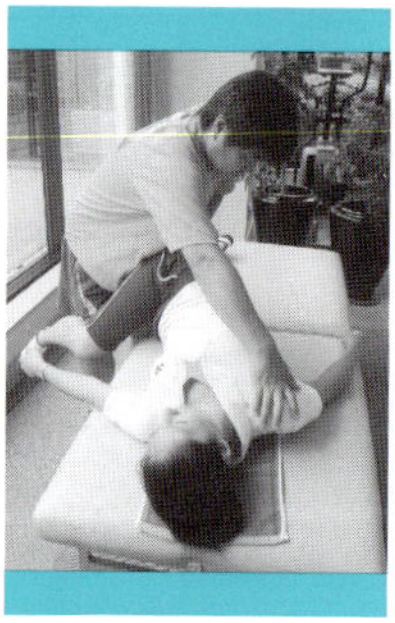

背部、
腰部を伸ばす

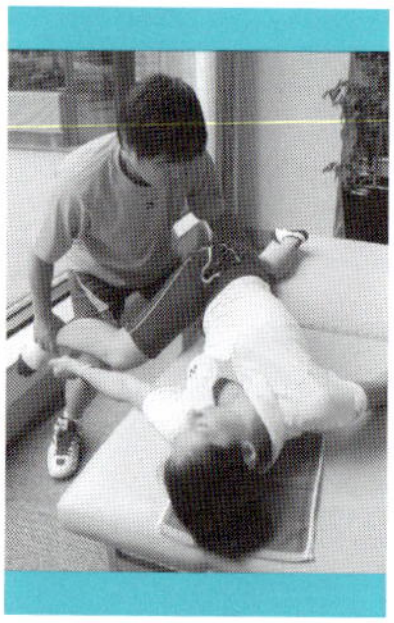

腰部を伸ばす

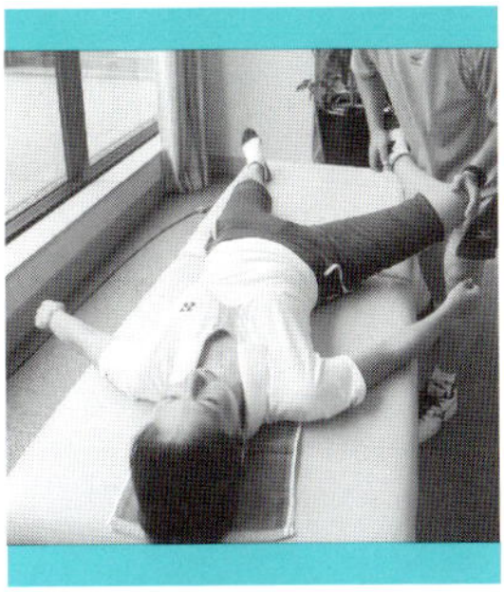

大腿内転筋群を伸ばす

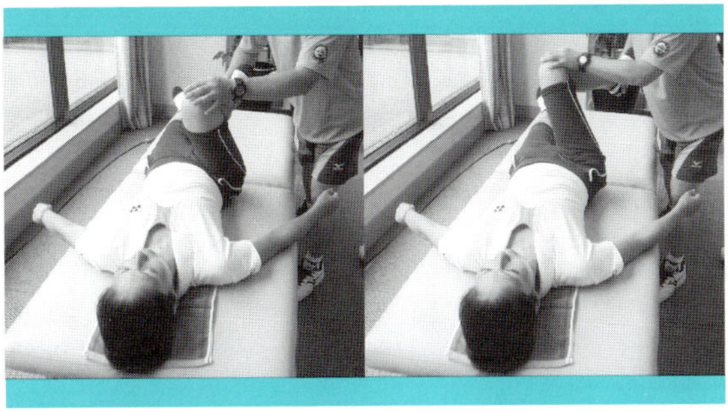

股関節を内旋&外旋させる

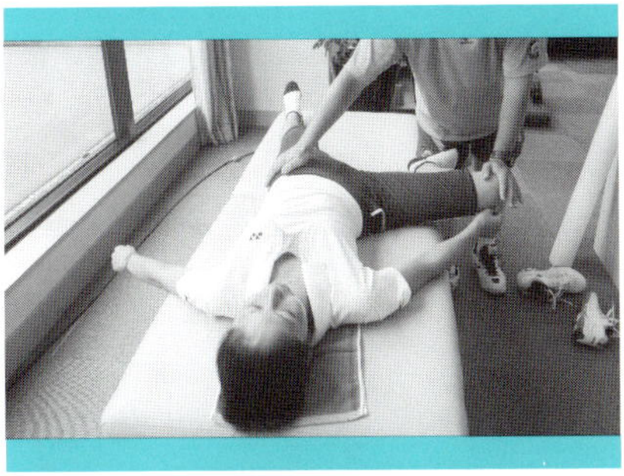

股関節の内側部を伸ばす

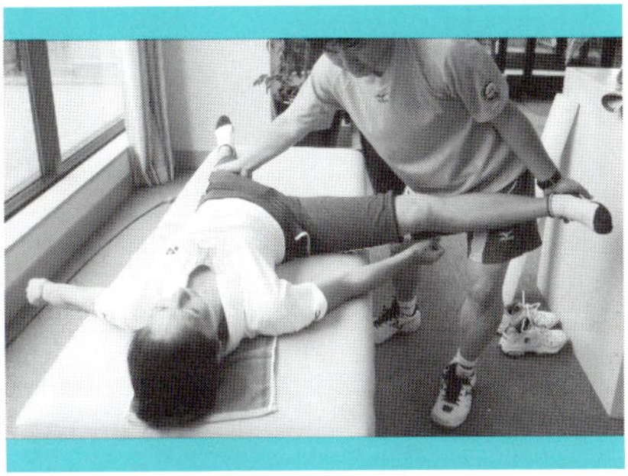

内転筋群と下腿部を伸ばす

以上、両足とも行う

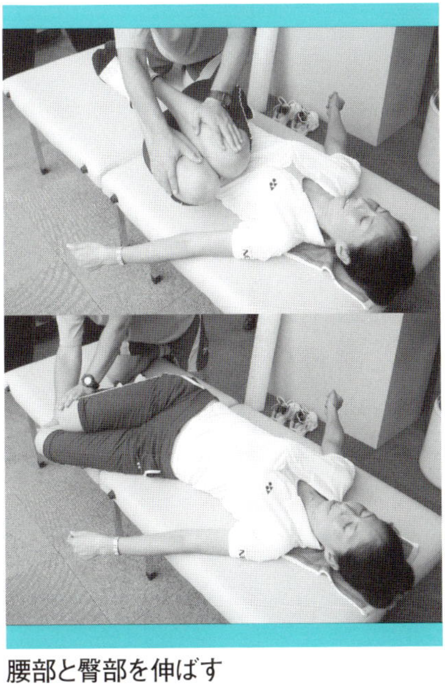

腰部と臀部を伸ばす

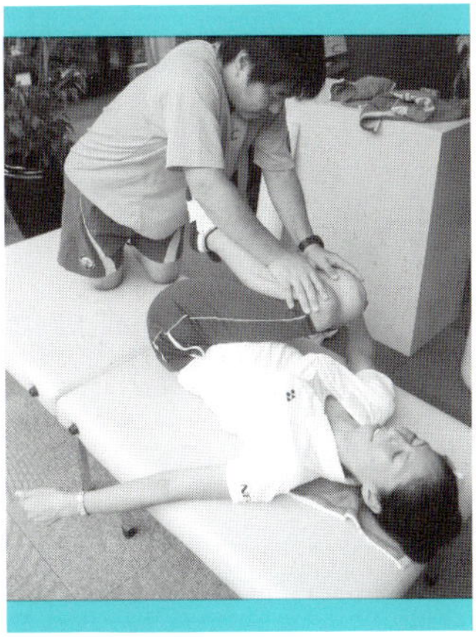

腰下部を伸ばす

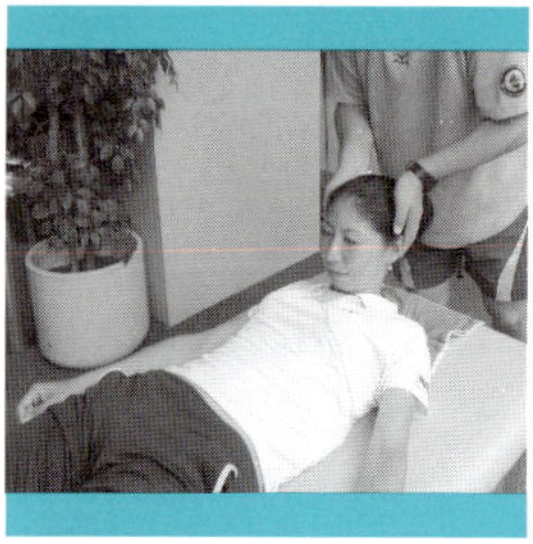
頸後部を伸ばす

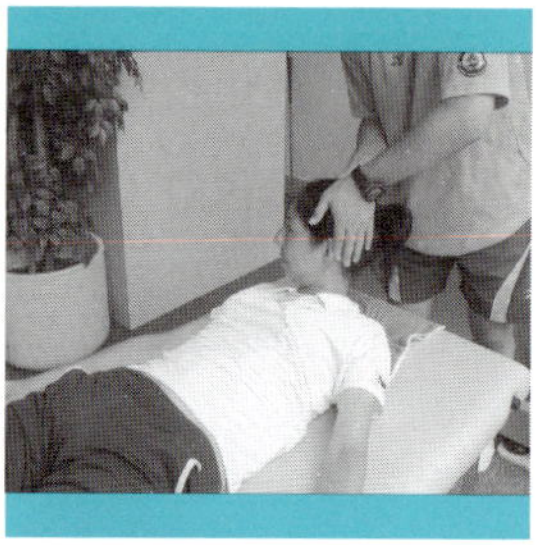
頸斜後部を伸ばす
逆側も伸ばす

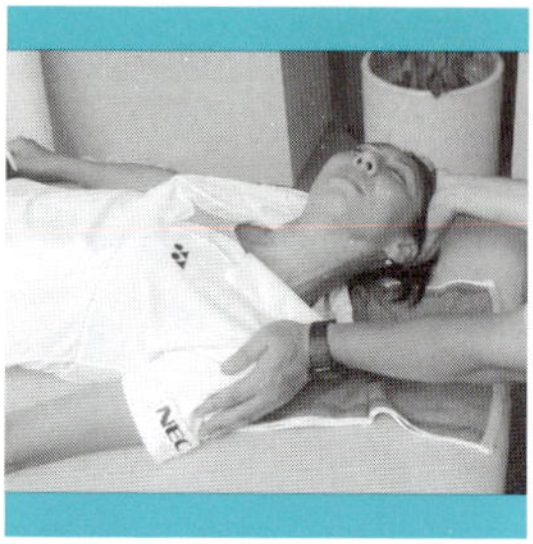
頸サイドを伸ばす
逆側も伸ばす

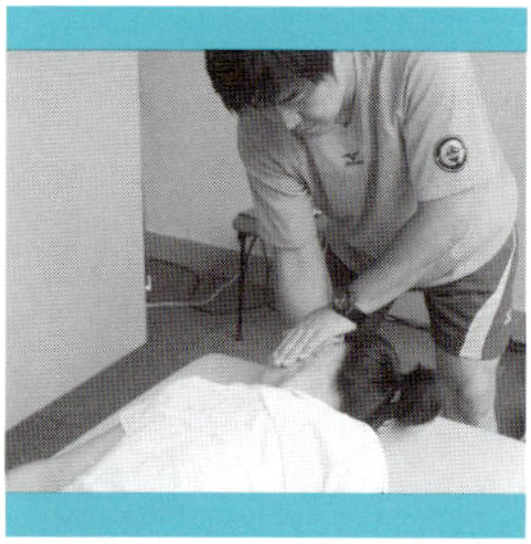
頸斜前部を伸ばす
逆側も伸ばす

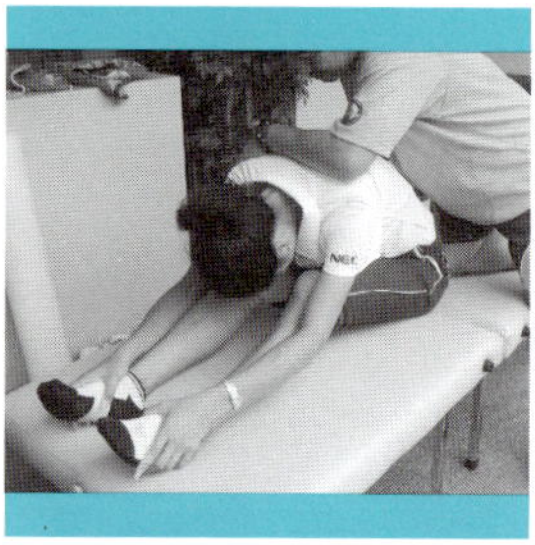
背部、腰部と
ハムストリングスを伸ばす

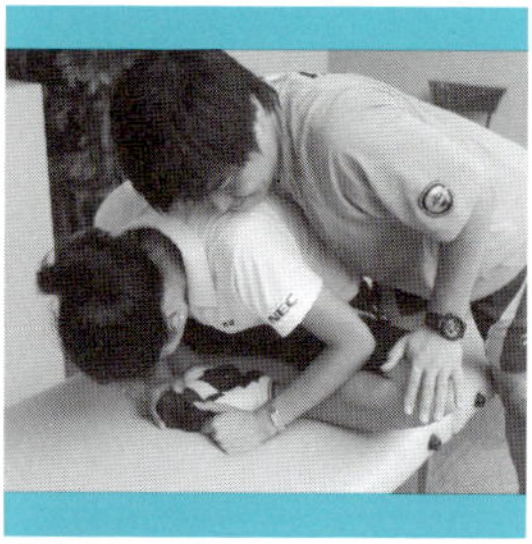
背部、腰部と
大腿内転筋群を伸ばす

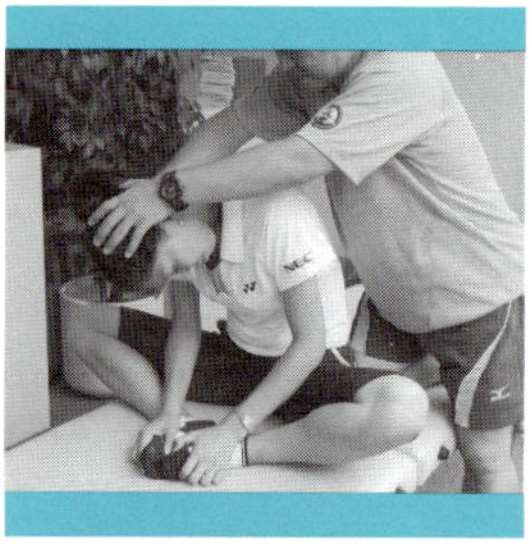
大腿内転筋群と
左頸斜後部を伸ばす
頸部は逆側も伸ばす

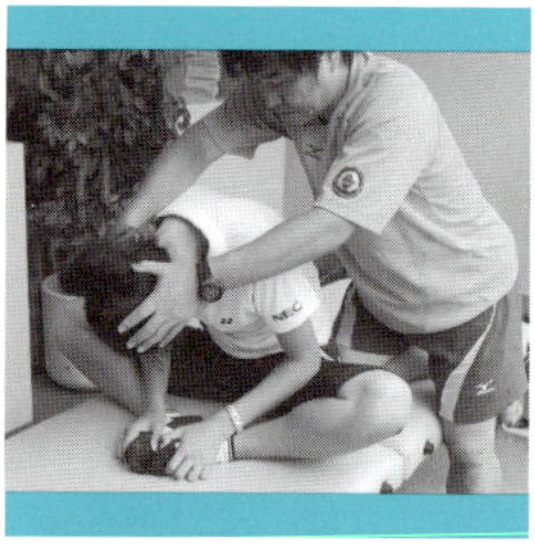
大腿内転筋群と
頸後部を伸ばす

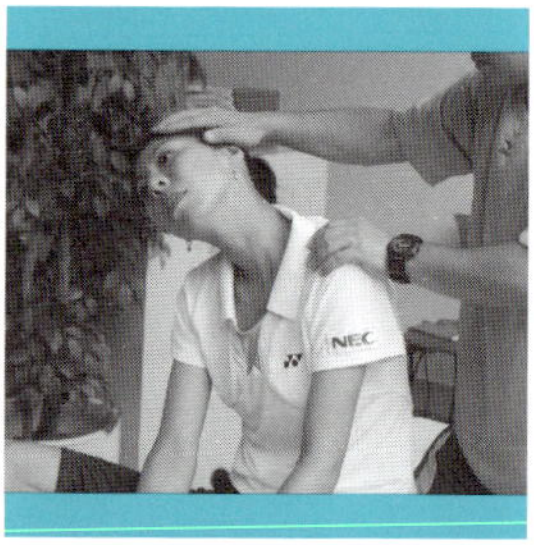
頸サイドを伸ばす
逆側も伸ばす

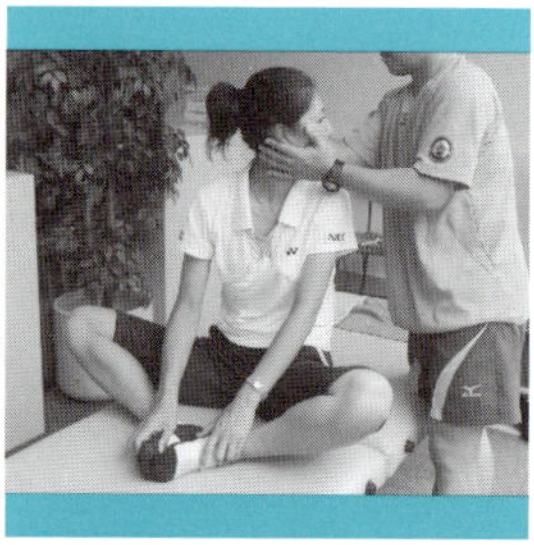
頸前部を伸ばす
逆側へも伸ばす

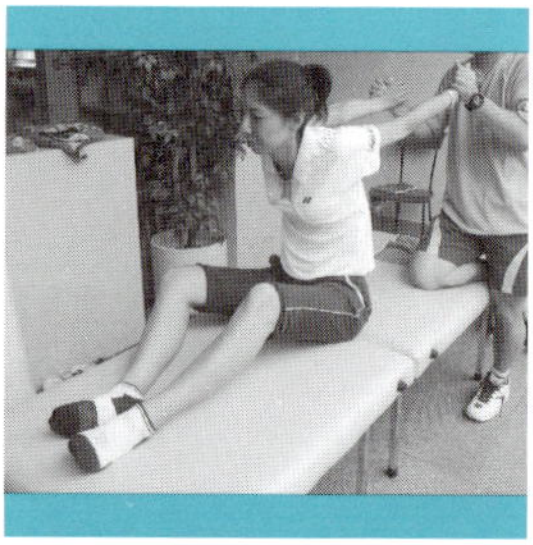
胸部と肩前面を伸ばす

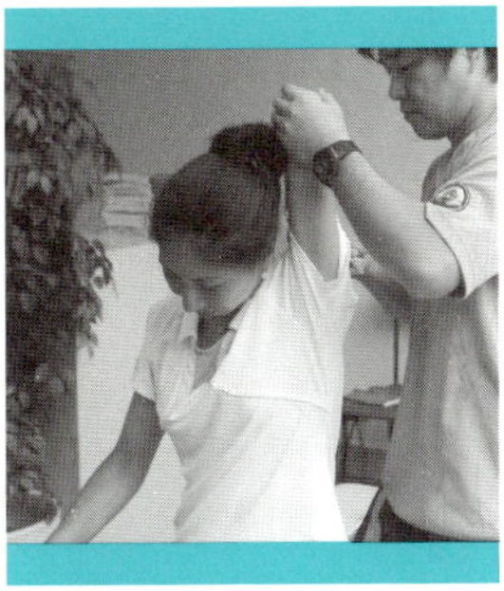

上腕後部を伸ばす

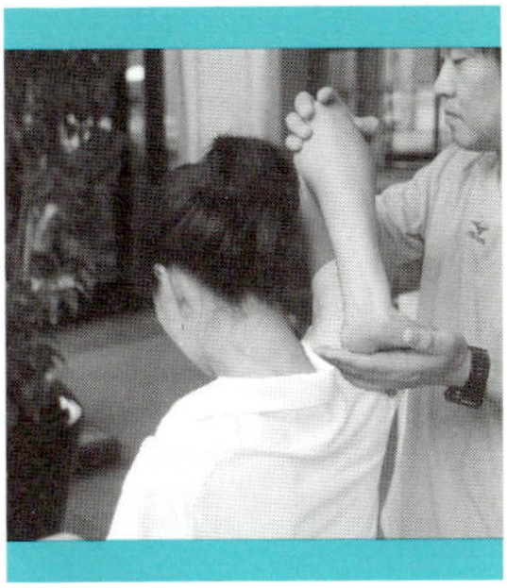

上腕後部と
前腕伸筋群を伸ばす

両腕とも行う

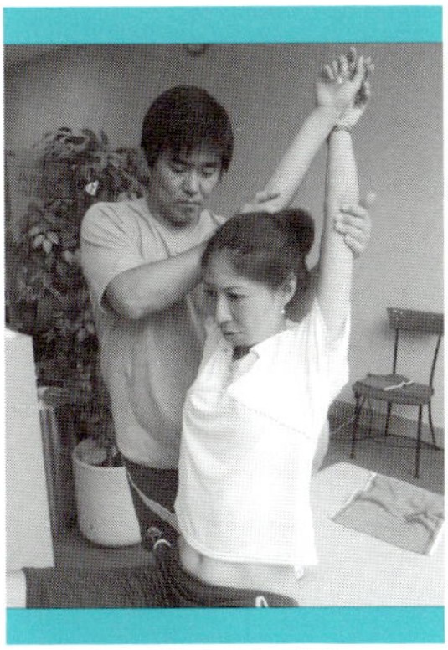

両腕と肩部を伸ばす

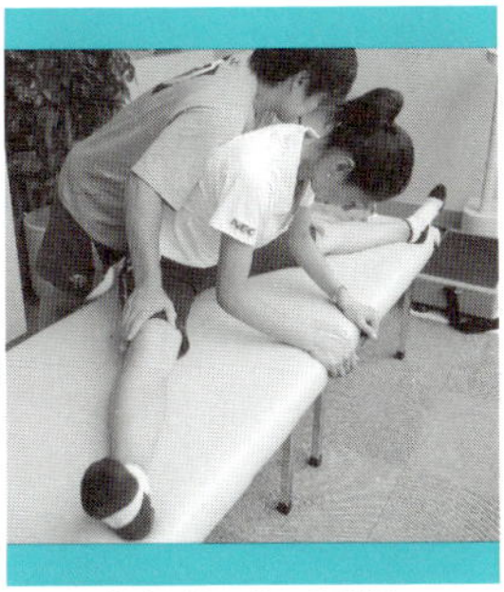

大腿内転筋群、腰部、
背部を伸ばす

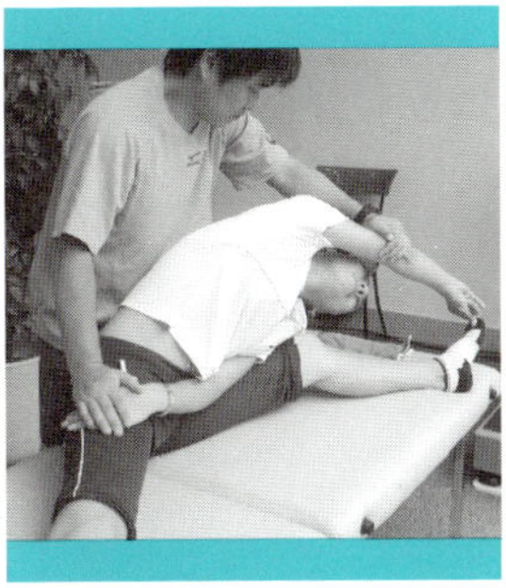

大腿内転筋群と
上半身サイドを伸ばす

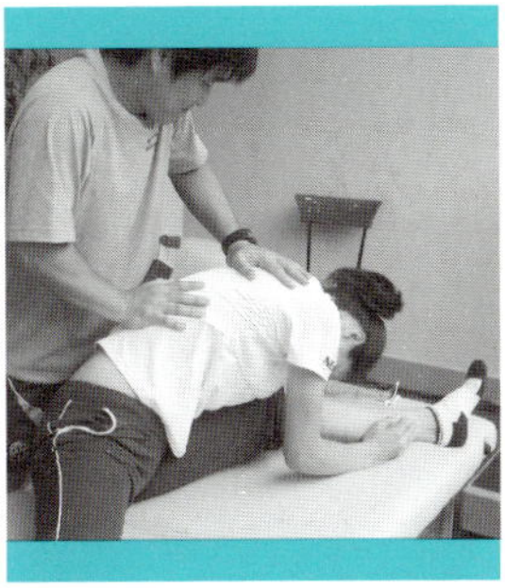

腰部とハムストリングスを
伸ばす

逆側へも伸ばす

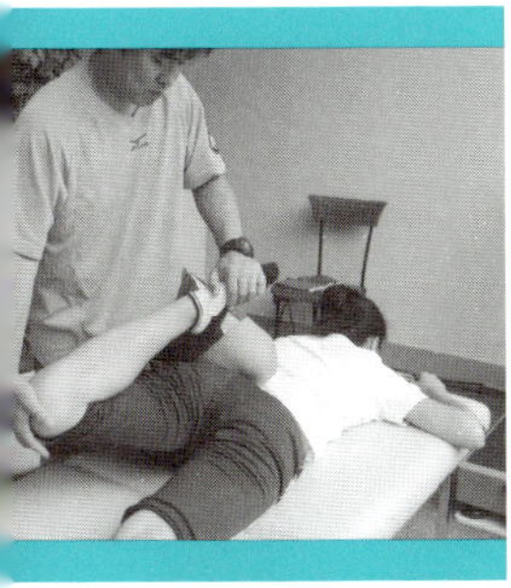

大腿前面を伸ばす

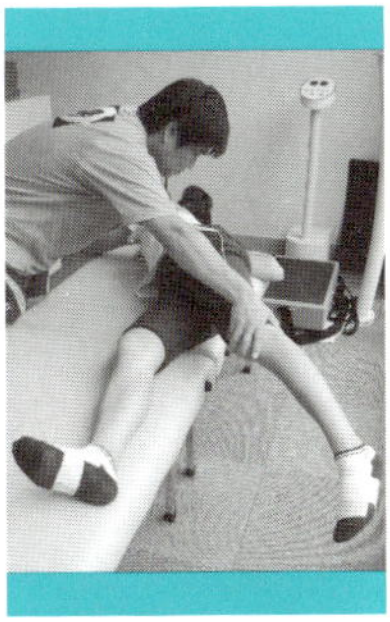

大腿前面、腹筋、
腸腰筋を伸ばす
両足とも行う

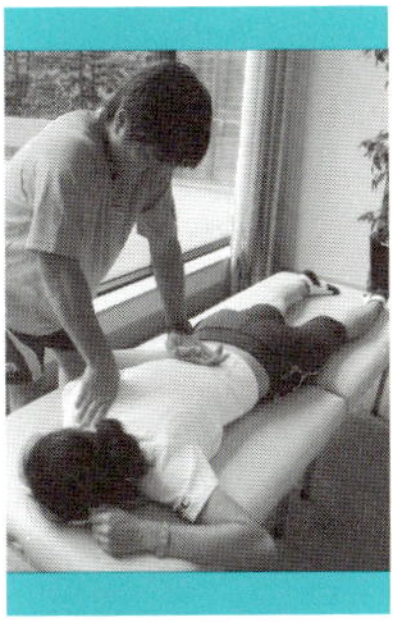

肩の回旋筋群を
伸ばす
両腕とも行う

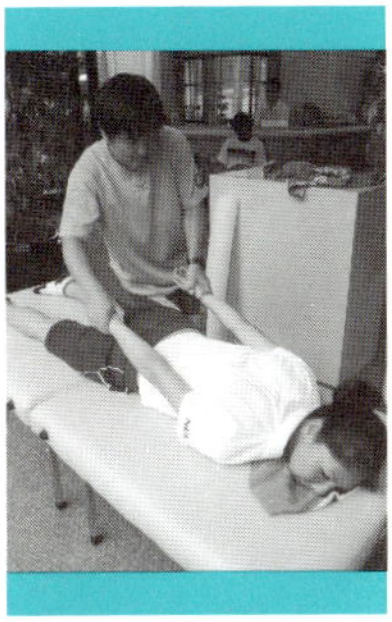

胸部と肩前面を
伸ばす

参考文献

『アーンハイムのトレーナーズバイブル』
Daniel D. Arnheim（渡邉一夫／岩崎由純・訳）医道の日本社

あとがき

治療院をやっている私のところにはスポーツ選手以外にも一般のお客様がたくさんいらっしゃいます。

最近は「メタボリック」という言葉が流行っていることもあり、男女を問わず「どうしたら体重が減らせますか？」ということをよく聞かれます。私が専門ということもあり、「鍼やマッサージで体重は減りますか？」という質問も多いです。そんなときは「新陳代謝がよくなるので痩せる可能性は高くすることができます」と答えていますが、私自身は体重そのものよりも、その人に合ったバランスのよい体型を作ることの方がずっと大切だと思います。痩せるために食事制限をしている方も多いと思いますが、平均的な食事をバランスよく食べて、その上で楽しみながら身体を動かす方が健康的でしょう。毎日少しでも身体を動かして、基礎代謝を上げれば、自然とその人に合った体型を手に入れることができるのです。その意味でも、スポーツというものはプロ選手だけでなく、一般の皆さんにとっても楽しみと健康をもたらす大きな意味のあるものではないでしょうか。

そんなスポーツを、ケガなどに悩まされず、健やかに楽しんでほしい――そんな願いを込めて、私の集大成であるテニストレーニングを一冊にまとめました。この本を作るきっかけとなり、モデルにもなっていただいた浅越しのぶ選手、そして男性モデルをしていただいた佐藤博康選手、アイディアをもらった松岡修造さんをはじめ、『修造チャレンジ』のスタッフの皆さん、エキシビションマッチ出場への準備で忙しい中快くコメントを寄せてくれた伊達公子さん、浅越選手のコーチとしていっしょにツアーを回った谷川美雄コーチ、そしてこの本の出版にご尽力いただいたベースボール・マガジン社の田辺由紀子さんに、この場を借りてお礼申し上げたいと思います。また、本書を最後までお読みいただいた皆様にも感謝いたします。

最後に、この本で紹介できないトレーニングも、また機会があれば今後に紹介していきたいと思います。皆様のスポーツライフがすばらしいものであることを願っています。

山下且義

テニス
実戦に効くコンディショニング・トレーニング

2008年2月20日 第1版第1刷発行

著者／山下且義
発行人／池田哲雄
発行所／株式会社ベースボール・マガジン社
〒101-8381
東京都千代田区三崎町3-10-10
電話 03-3238-0181（販売部）
03-3238-0285（出版部）
振替口座 00180-6-46620
http://www.sportsclick.jp/

本文製版／株式会社吉田写真製版所
印刷・製本／大日本印刷株式会社

©Katsuyoshi Yamashita 2008
Printed in Japan
ISBN978-4-583-10081-4 C2075

＊定価はカバーに表示してあります。
＊本書の文章、写真および図版の無断転載を禁じます。
＊落丁・乱丁がございましたら、お取り替えいたします。